Das Sensibelchen in dir ist stark

Der Ratgeber für hochsensible Mamas

Marianna Habic

1. Auflage

2021

Inhaltsverzeichnis

Das erwartet dich in diesem Buch

Du fühlst dich schnell überreizt und erschöpft? Du hast das Gefühl, dich selbst in deinem stressigen Alltag zu verlieren? Brauchst du oft Ruhe- und Erholungsphasen, um Dinge zu verarbeiten? Dann hast du beim Kauf dieses Buches die richtige Entscheidung getroffen, denn du bist mit diesen Gedanken und Gefühlen nicht allein. Viele Menschen erleben Phasen in ihrem Leben, in denen sie sich erschöpft und ausgelaugt fühlen. Dafür kann es viele verschiedene und individuelle Ursachen geben. Eine davon könnte eine mögliche Hochsensibilität sein. Diese beschreibt die Fähigkeit, Gefühle und Umgebungsreize besonders intensiv wahrzunehmen. Durch diese verstärkte Wahrnehmung und die anders arbeitende Reizfilterfunktion sind hochsensible Menschen schneller erschöpft und überfordert. Dass die Reizfilterfunktion bei hochsensiblen Menschen anders ist, heißt aber nicht, dass diese komplett fehlt. Oft ist die Steuerungsmöglichkeit des gut bekannten „Scheuklappenblicks" einfach nicht so stark oder die hochsensible Person hat einen nicht so klaren Zugang zu dieser Fähigkeit. Da Hochsensibilität oftmals in den Genen liegt, könnte auch dein Kind diese Fähigkeit von dir geerbt haben. Neben der Hochsensibilität lässt sich noch die Hochsensitivität abgrenzen. Auch wenn beide Begriffe oft synonym zueinander verwendet werden, unterscheiden sie sich doch im Detail. Die Hochsensitivität wird weniger mit geschärften Sinnen in Verbindung gebracht. Statt bestimmte Sinne besonders ausgeprägt zu haben, geht es hier noch verstärkter um ein allgemeineres und übergreifendes tiefes Gefühl für die Umwelt. Genau diese Umschreibung wird als Hellfühligkeit oder Hellsichtigkeit bezeichnet. Vielleicht hast du manchmal das Gefühl, dass dich eine Ahnung, Visionen oder nicht so ganz erklärliche Empfindungen leiten, die nicht direkt aus der alltäglichen Wirklichkeit kommen zu scheinen. Dieses Buch wird dir dabei helfen, zu erkennen, ob du eine hochsensible Person bist und wie du in diesem Fall besser mit Stress und belastenden Situationen umgehen kannst. Es werden dir dazu konkrete Hilfestellungen gegeben, die du einfach in dein alltägliches Leben integrieren kannst. Du wirst lernen, wie du achtsamer mit dir und deinem Körper umgehen kannst und was dir ganz konkret bei Reizüberflutung helfen kann. Des Weiteren wirst du Anzeichen kennenlernen, anhand derer du erkennen kannst, ob dein Kind ebenfalls hochsensibel ist und wie du es unterstützen kannst. Dieses Buch wird dir außerdem dabei helfen, dich selbst und deine Gabe zu akzeptieren, in dem es dich anleitet, neue Wege zu gehen. Ja, ich rede hier bewusst von einer Gabe. Auch wenn die Hochsensibilität für dich zu diesem Zeitpunkt individuelle Belastungen mit sich bringen mag, hat sie auch etwas ganz Besonderes an sich. Dieses intensivere und tiefere Verständnis von Lebensumwelten kannst du durchaus als Gabe verstehen. Du hast die Wahl, ob du mit deiner Hochsensibilität oder gegen sie arbeitest. Bei Ersterem wird dieses Buch dir helfen.

Hochsensibilität: Wissenswertes & Neues

Hochsensibel sind schätzungsweise 15% bis 20% der Menschen. Das bedeutet, dass eine große Anzahl an Menschen die Reize aus der Umwelt stärker wahrnimmt und auf diese auch stärker reagiert. Vielleicht kennst du es, dass du bei lauten Geräuschen empfindlicher reagierst als deine Mitmenschen oder du Gerüche intensiver wahrnimmst als andere. Auch das innere emotionale Erleben kann bei zu vielen Erlebnissen und Eindrücken schnell überfordert sein. Dies kann dazu führen, dass zum Beispiel bereits der Einkauf im Supermarkt mit dem Kindergeschrei, den vollen Gängen, den Lichtern, Gerüchen und Eindrücken dich an deine Grenze bringt. Du fühlst dich schnell erschöpft, gestresst und ausgelaugt. Doch trotz der vielen anstrengenden Gefühle, hat die Hochsensibilität auch schöne Seiten. Positive Empfindungen kannst du vielleicht intensiver erleben und deine Kreativität sowie dein Genusserleben stärker anregen. Du reagierst ebenfalls stärker auf die Gefühle in deiner Umgebung und kannst die Bedürfnisse deiner Mitmenschen schneller erspüren. Dies ist aber kein Muss. Die Hochsensibilität geht nicht zwangsläufig mit einem stärkeren Empfinden der Sinne einher. Es ist auch möglich, dass du beispielsweise die Grundstimmung in einem Raum erspürst, sobald du durch die Tür kommst.

Auch dein Einfühlungsvermögen für andere Menschen kann deutlich ausgeprägt sein. Wichtig ist es, dass du dir jedoch auch hier Auszeiten gönnst, damit du mit deiner Gefühlswelt und den ganzen Eindrücken nicht überfordert bist. Diese Anmerkung gilt grundsätzlich erst einmal für alle Menschen, die hochsensibel sind. Gerade als Mama ist dieser nötige Rückzug mit Pausen aber wichtig. Als Mama hat man nochmal eine ganz andere Empfindlichkeit bezüglich äußerer Reize, weil man sich ganz auf das Kind einstellt. Diese stärkere Offenheit für die äußere Umgebung ist ein Beschützerinstinkt, der so ohne ein Kind normalerweise nicht vorherrscht. Je genauer du deine Umgebung kennst, desto besser kannst du herausfiltern, ob eine Bedrohung besteht oder alles in Ordnung ist. Vielleicht hast du schon einmal etwas von der besonderen Reaktionsfähigkeit von Müttern in Gefahrensituationen für Ihre Kinder gehört. Beispielsweise zieht eine Mutter ihr Kind gerade noch so auf die andere Seite des Bürgersteigs, weil von hinten ein Fahrrad angerast kommt, welches die Mutter in der Regel eigentlich gar nicht hätte bemerken können. Die Sinne sind darauf ausgelegt, das Kind zu beschützen und funktionieren deshalb auf Hochtouren. Das Bedürfnis für Pausen ist hier also ebenso verstärkt. In diesem Buch wirst du das Konstrukt der Hochsensibilität besser kennenlernen und Tipps erhalten, wie du damit in deinem Leben und Alltag umgehen kannst. Du wirst herausfinden, wie du achtsamer mit dir und auch deinem hochsensiblen Kind umgehen kannst. Denn die Wahrscheinlichkeit ist hoch, dass dein Kind ebenfalls hochsensibel ist. Viele frisch gebackene Mütter werden sich sogar erst über ihre eigene Hochsensibilität bewusst, weil das eigene Kind sie darauf bringt. Selbst an diesem Punkt ist es nie zu spät, sich selbst stärker damit zu beschäftigen.

Auch ich gehöre zu den 15% bis 20% der Menschen, die stärker auf Gefühle und Reize reagieren. Vielleicht habe ich mich auch deswegen bereits früh für das Thema interessiert. Auch in meiner Tätigkeit als Kindergartenpädagogin finde ich es äußerst wichtig, die Empfindungen anderer zu erspüren und nachzuvollziehen. Doch ich kenne auch die Überforderung bei alltäglichen Tätigkeiten sehr gut, die meinem Partner z.B. überhaupt nicht zusetzen und mich häufig an meine Grenzen bringen. Dennoch bin ich froh, dass ich diese Feinfühligkeit besitze, denn sie macht mich als Person aus. Und genauso wie ich, wirst auch du mit diesem Buch lernen, wie du den Alltag als hochsensible Person meisterst und deine Hochsensibilität zu deinem Vorteil nutzen kannst.

Bin ich vielleicht hochsensibel? Der Selbsttest

Der Begriff der Hochsensibilität wurde 1996 von Elaine Aron eingeführt. Sie beschrieb als erste das Konstrukt der übermäßigen Feinfühligkeit in ihrem Buch „The highly sensitive person: how to thrive when the world overwhelms you“. Hochsensibilität kann sich in vielen Lebensbereichen zeigen. Meist ist es für einen selber schwer einzuschätzen, ob man nun besonders empfindlich ist oder der Partner/ die Freunde nur besonders unempfindlich sind. Zudem reagiert nicht jede hochsensible Person auf Lärm oder Gerüche gleich empfindlich. Der folgende Test kann dir dabei helfen, festzustellen, ob du ein hochsensibler Mensch bist. Beantworte die folgenden Fragen ehrlich und so genau wie möglich. Gerne kannst du dir dazu auch Notizen machen. Am Ende ist es wichtig, dass du aus deinen Notizen ableiten kannst, wie viele der Aussagen du mit „Ja“ beantworten würdest.

1. Ich erlebe meine Gefühle oft sehr intensiv.
2. Wenn es anderen schlecht geht, kann ich das selbst körperlich spüren.
3. Ich kann in den Gesichtern anderer Menschen schnell erkennen, wie sie sich fühlen.
4. Ich habe einen starken Gerechtigkeitssinn.
5. Über Konflikte denke ich im Nachhinein noch lange nach.
6. In großen Menschengruppen bin ich häufig überfordert.

7. Ich bin sehr schreckhaft.
8. Ich fühle mich durch die vielen Sinneseindrücke in meinen Alltag oft erschöpft, überlastet und ausgelaugt.
9. Ich erledige meine Arbeit sehr gewissenhaft.
10. Ich habe eine gute Intuition.
11. Oft vernachlässige ich meine eigenen Bedürfnisse, damit es anderen Menschen gut geht.
12. Meine Freunde meinen, ich sei eine gute Zuhörerin.
13. Die Stimmung anderer Menschen beeinflusst, wie ich mich selbst fühle.
14. Ich bin ein hilfsbereiter Mensch.
15. Ich werde oft um Rat gefragt.
16. Laute Geräusche in meiner Umgebung stören mich sehr und mir fällt es schwer, diese auszublenden.
17. Veränderungen in der Umwelt nehme ich besonders schnell wahr (z.B. den neuen Haarschnitt einer Freundin).
18. Kunst und Musik lösen starke Emotionen in mir aus.
19. Ich neige zu Perfektionismus.
20. Ich versuche, aufregenden und unbekannten Situationen aus dem Weg zu gehen.

Wenn du bei mehr als der Hälfte der Fragen zustimmst, dann ist es sehr wahrscheinlich, dass du intensiver wahrnimmst und feinfühliger bist als die meisten Menschen.

Hochsensible Empfindungen: Körperliche & mentale Phänomene

Hochsensible Menschen spüren und fühlen mehr als andere Menschen. Durch eine veränderte Reizverarbeitung nehmen sie Geräusche, Gerüche und Empfindungen stärker wahr. Doch nicht bei allen hochsensiblen Personen sind alle Sinneseindrücke gleichermaßen stark verstärkt. Meist ist es so, dass die eine Person eher geräuschempfindlich ist, eine andere Person eher lichtempfindlich und eine dritte Person Gerüche sehr intensiv wahrnimmt. Durch die tiefgehende Verarbeitung kleiner Details benötigen hochsensible Personen mehr kognitive Leistung. Die Schwelle der Wahrnehmung ist herabgesetzt und sorgt dafür, dass der gezielte Fokus auf bestimmte Dinge schlechter zu erreichen oder über einen längeren Zeitraum zu halten ist. Dadurch, dass mehr äußere Reize bewusst wahrgenommen werden, ist man auch schneller durch diese abgelenkt. Eine solche tiefgehende Verarbeitung scheinbarer Kleinigkeiten führt schnell dazu, dass hochsensible Personen gereizt oder erschöpft sind. Meist wird Hochsensibilität ähnlich wie ADHS mit vermehrter Ablenkbarkeit in Verbindung gebracht. Dieser Gedanke ist aber schnell irreführend. ADHS und Hochsensibilität einen sich nicht darin, dass sich beide Gruppen schlecht auf eine Sache fokussieren können. Während Menschen mit ADHS grundsätzlich Probleme mit dem eigenen Fokus haben, gelingt es hochsensiblen Menschen durchaus, sich bei ablenkenden Reizen zu fokussieren. Neben den bereits genannten Aspekten der Hochsensibilität ist auch die Feinfühligkeit sehr charakteristisch. Gerade das hohe Empfinden für andere Menschen impliziert eine Empathie, die die eigene Feinfühligkeit verstärkt. Grundsätzlich verspürt eine hochsensible Person durch die verstärkte Wahrnehmung ein breiteres Spektrum an Gefühlen von außerhalb und erkennt die kleinsten Veränderungen in der Stimmung. Dies bezieht sich nicht nur auf eine einzelne Person. Wie schon erwähnt, können Hochsensible teilweise die Grundstimmung einer gesamten Gruppe richtig deuten, sobald sie auf diese treffen. Diese Feinfühligkeit und auch die stärkeren Ausprägungen diverser Sinne sind einerseits belastend, haben aber auch ihre Vorteile. So führt eine erhöhte Aufmerksamkeit auf Gestik, Mimik und Gesagtem dazu, dass man sein Gegenüber besser versteht und sein Verhalten besser nachvollziehen kann. Hochsensibilität kann zum einen vererbbar sein. Zum anderen aber auch durch ein Trauma ausgelöst werden. Der Hang zur Überreizung entsteht dann erst nach Verarbeitung des erlebten Traumas. Viele Menschen wissen meist gar nicht, dass es neben dem typischen Schocktrauma auch noch das Entwicklungstrauma gibt, welches sich auf Kindheitserfahrungen bezieht. Gerade, wenn man in den ersten Lebensjahren vielem toxischen Stress, beispielweise durch Überbehütung, unzureichende Bindung, sehr strenger Erziehung oder ständiger Grenzüberschreitung, ausgesetzt war, ist die Wahrscheinlichkeit hoch, im weiteren Entwicklungsverlauf ein Trauma zu entwickeln. Dennoch ist nicht jede traumatisierte Person gleichzeitig auch hochsensibel. Beides wird oft miteinander verwechselt, deswegen ist es wichtig, zu wissen, wie man beide voneinander abgrenzen kann. Einer der größten Unterschiede ist das Bedürfnis nach Ruhe. Traumatisierte Personen meiden es, zur Ruhe zu kommen, sind ständig in Bewegung und leiden häufig an Schlaflosigkeit. Hochsensible Personen hingegen suchen die Ruhe und Erholung. Sie genießen die Zeit alleine, schöpfen Kraft aus diesen Auszeiten und schlafen viel. Sie zeichnen sich charakterlich durch ihr Einfühlungsvermögen und ihre Ruhe aus. Andere fühlen sich bei ihnen verstanden und vertrauen ihnen meist ihre größten Sorgen und Ängste an. Traumatisierte Personen, neigen häufig zu Misstrauen, können eigene Körperempfindungen nur schwer wahrnehmen und wirken eher nervös und emotional teilnahmslos. Sollte eine Person traumatisiert und hochsensibel sein, zeigt sie in der Regel auch weiterhin ein hohes Einfühlungsvermögen. Dennoch ist dann eine klare Abgrenzung zwischen beiden Bereichen nicht möglich.

Viel Gefühl & Emotionen

Die Gefühlswelt bei Hochsensibilität

Unser Gehirn ist in zwei Teile unterteilt. Das kognitive Gehirn verarbeitet bewusste und rationale Informationen. Die andere Hälfte, die auch das limbische System und spezieller die Amygdala umfasst, verarbeitet Emotionen und sichert unser Überleben. Das limbische System steuert Funktionen wie den eigenen Antrieb, das Gedächtnis, die Fähigkeit zu lernen, Emotionen und körperliche Aspekte wie die Verdauung oder Nahrungsaufnahme. Die Amygdala ist ein Teilbereich des limbischen Systems, welcher emotionale Äußerungen reguliert. Dieser Teil des Gehirns steht in enger Verbindung mit körperlichen Empfindungen, was dazu führt, dass die Überflutung von Reizen wie Gefühle und Emotionen meist körperliche Auswirkungen hat. Beispielsweise wirken sich Müdigkeit und Hunger deutlich negativ auf deine Stimmung aus. Du bist schreckhafter als andere Menschen und auch schmerzempfindlicher. Dafür nehmen hochsensible Menschen Krankheitssymptome besonders schnell wahr. Genauso stark reagierst du auch auf diverse Reizstoffe wie Koffein oder Alkohol. Außerdem ist es sehr üblich, dass du mehr Schlaf brauchst als andere.

Hochsensible Menschen fühlen mehr als andere Menschen. Das liegt daran, dass die Hirnregion für

Reizunterdrückung weniger stark aktiviert wird. Der Botenstoff Noradrenalin wird vermehrt ausgeschüttet und die Amygdala, die Alarmzentrale, reagiert schneller auf potentielle Gefahren. Noradrenalin ist ein sogenannter Neurotransmitter. Hierbei handelt es sich um einen Botenstoff, der die Reizweiterleitung in Nervenzellen unterstützt und somit alle möglichen Signale im Körper weiterleitet. Der Körper schüttet in einem solchen Fall Stresshormone aus und reagiert meist mit Angriff, Flucht oder Erstarrung. Das typischste Stresshormon ist Cortisol. In Paniksituationen kommt aber auch das Hormon Adrenalin hinzu, welches ebenso kurzzeitigen Stress auslösen kann. Da hochsensible Menschen schneller und intensiver auf äußere Gefahrenquellen reagieren, kommen sie schnell an ihre Grenzen und sind in weiterer Folge auch schneller gestresst. Äußere Reize wie Lärm und Gerüche sowie innere Wahrnehmung wie Gefühle und Bedürfnisse lassen sich jedoch nicht auf Knopfdruck abstellen. Deswegen ist es wichtig, dass du lernst, dich bei solchen Reizüberflutungen zu schützen und abzugrenzen. Meist hilft in einem solchen Fall nur konsequenter Rückzug. Denn eine dauerhafte Überstimulation kann in einer psychischen Erkrankung oder auch in einem Burnout enden.

Reizüberflutung erkennen & richtig reagieren

Um bei der täglichen Fülle von Reizen nicht die Kontrolle zu verlieren, ist es von Bedeutung, die Anzeichen einer drohenden Reizüberflutung zu erkennen und Strategien zu erlernen, mit denen du auf diese reagieren kannst. Jeder Mensch weist ein individuelles Maß an „Reizverträglichkeit“ auf. Da hochsensible Menschen sich schneller von Reizen überflutet fühlen, sind sie eher weniger „reizverträglich“. Auch die physischen und psychischen Anzeichen sind individuell. Typisch sind jedoch die körperlichen Symptome wie das Verspüren von Beklemmung, Angst, Erschöpfung, Antriebslosigkeit, Migräne und Tinnitus. Konzentrationsschwierigkeiten, Schlafstörungen und ein damit einhergehender Leistungsabfall können ebenfalls Anzeichen für eine Reizüberflutung sein. Wichtig ist es, dass du eine drohende Reizüberflutung rechtzeitig erkennst, um mögliche Gegenmaßnahmen einzuleiten. Diese helfen dir, dein Erregungsniveau und die damit verbundene Ausschüttung von Stresshormonen einzudämmen. Mit folgenden Strategien könntest du auf eine drohende Reizüberflutung reagieren:

- Lerne „Nein“ zu sagen. Denn wenn du dir zu viele Aufgaben auflädst, wirst du dich schnell überlastet und überfordert fühlen. Da besonders Hochsensible viele Entspannungs- und Ruhezeiten benötigen, solltest du dir gut überlegen, ob du „ja“ zu einer Bitte oder Aufgabe sagst. Um dies zu üben, kannst du deine Antwort beispielsweise auf Anfragen zeitversetzt angeben. Ich selbst fühle mich schnell mal überrumpelt und sage deswegen auch schnell „ja" zu Dingen, die ich nach längerer Überlegung eigentlich nicht machen möchte, weil ich genau weiß, dass es mir zu viel wird. Aus diesem Grund verschaffe ich mir Bedenkzeit mit der Aussage, dass ich meinen Kalender prüfe und mich dann zurückmelde. So habe ich genug Zeit, um einmal eine Denkpause einzulegen und mich erstens für das Nein mental zu wappnen und dieses dann aber auch nicht direkt in der jeweiligen Situation geben zu müssen. So eine kleine Hilfestellung kann ein guter Anfang sein.

- Meditieren wie z.B. das Durchführen von Atemübungen. In einem anderen Kapitel wirst du Beispiele dazu bekommen.
- Körperliche Bewegung. Sie reduziert Anspannung und baut Stress ab. Bereits ein kleiner Spaziergang an der frischen Luft kann dir dabei helfen, dein Unwohlsein und deine Überforderung abzubauen.
- Ziehe dich zurück und grenze dich bewusst von der Situation ab. Dies geht beispielsweise durch ein klares Kommunikationssystem. Als Mama ist es immer hilfreich, dem Kind kurz zu erklären, dass du jetzt etwas Ruhe benötigst und auch warum. Schonend

verpackt und so formuliert, dass Ruhephasen etwas ganz Normales sind, hat dein Kind die Möglichkeit, sich auch besser in dich hineinzuversetzen und ein Verständnis dafür zu entwickeln. Neben dieser Absprache könnte man auch mit Türschildern oder festen Ruhezeiten arbeiten. Durch die sich aufbauende Regelmäßigkeit wird es auch für dein Kind einfacher, mit deinem Ruhebedürfnis umzugehen.

- Vermeide Koffein, sofern du empfindlich darauf reagierst.
- Gehe raus in die Natur, um deinen Kopf freizubekommen.
- Führe eine Achtsamkeitsübung durch. In einem weiteren Kapitel erfährst du genaueres zu diesem Thema.
- Gönne dir eine Fußreflexzonenmassage. Diese hilft bei Stress und Erschöpfung.
- Schließe Kompromisse. Um deinen Alltag ein wenig zu entschleunigen, solltest du dir überlegen, welche Dinge du unbedingt tun musst und welche du auf einen anderen Tag verlegen kannst. Versuche, dir deine Tage nicht zu voll zu packen, sodass dir noch Zeit für Ruhe und Entspannung bleibt. Eine gezielte Tagesplanung kann hier sehr hilfreich sein. Ein guter Trick ist auch, sich kleine Ruhephasen so einzuplanen wie einen wichtigen Termin.

Achtsamkeit im Alltag

Achtsamkeit beschreibt einen besonderen Bewusstseins- und Wahrnehmungszustand, bei dem es darum geht, sich in einem bestimmten Moment intensiv und bewusst wahrzunehmen. Die eigene Aufmerksamkeit wird dabei bewusst auf eigene Gefühle, Emotionen, Sinneseindrücke und körperliche Wahrnehmungen gelenkt. Diese Eindrücke werden wertfrei angenommen. Durch regelmäßiges Anwenden von Achtsamkeitsübungen kannst du lernen, besser mit Stress umzugehen. Im Folgenden werden dir ein paar Übungen vorgestellt, die sich einfach in den Alltag integrieren lassen.

1. Bewusst innehalten

Innehalten kann dir helfen, deinen Fokus nicht zu verlieren und deine Kraft- und Energiereserven wieder aufzuladen. Dazu solltest du diese Übung mehrmals am Tag für einige Minuten durchführen. Nimm dir kurz Zeit, setze dich bequem hin und beobachte deine Atmung. Spüre bewusst, wie die frische Luft in deine Lungenflügel strömt. Versuche, bestimmte Körperstellen zu fokussieren, auf die sich eine Reizüberflutung besonders stark auswirkt. Sie haben eine frische Ladung Sauerstoff gerade besonders nötig. Nimm deinen Körper, deine Gedanken und deine Emotionen bewusst wahr. Versuche, beim Innehalten die äußeren Reize an dir abprallen zu lassen. Keine Sorge! Es ist es ganz normal, dass du besonders am Anfang, leicht von deinen Umgebungsgeräuschen abgelenkt wirst. Doch je öfter du diese Übung durchführst, desto leichter wird sie dir fallen.

2. Bewusst Gehen

Eine weitere Übung, die deine Achtsamkeit fördern und die bei einer drohenden Reizüberflutung helfen kann, ist die Gehmeditation. Das Gehen ist für uns ein automatisierter Prozess, dem wir meist nur wenig Aufmerksamkeit schenken. Versuche deswegen einmal, deine Schritte bewusst wahrzunehmen. Dies geht ganz einfach, indem du beim Spazieren oder auch auf dem Weg zur Arbeit einmal genau auf deine Füße und den Boden unter dir achtest. Wie fühlt sich der Boden unter deinen Füßen an? Wann verändert sich deine Geschwindigkeit beim Gehen? Wann musst du stoppen?

3. Achtsam Essen und Genießen

Auch achtsames Essen und Trinken kann dabei helfen, deine Aufmerksamkeit zu kontrollieren, dich bewusst auf bestimmte Empfindungen zu konzentrieren und andere Reize so auszublenden. Dem Essen und Trinken schenken wir oft nur wenig Beachtung. Meist sind das Smartphone oder der Fernseher interessanter. Achtsames Kauen kann jedoch dabei helfen, die Aufmerksamkeit bewusst zu steuern und lässt sich gut in den Alltag integrieren. Nimm dir dazu bewusst Zeit für eine Mahlzeit und genieße diese ganz bewusst. Frage dich, ob du gerade isst, weil du Hunger hast oder einfach nur aus Appetit. Wie sieht deine aktuelle Stimmungslage aus? Welche Zutaten kannst du aus deinem Essen herausschmecken und wie riecht deine Mahlzeit?

4. Dankbar sein

Nimm dir kurz Zeit und überlege dir, was du heute alles erlebt hast. Für welche Begegnung, welches Ereignis oder welche Tatsache bist du heute besonders dankbar? Es kann sich dabei um Personen, kleine Aufmerksamkeiten, ein gutes Essen oder auch positive Gefühle handeln, die du heute erlebt hast. Wähle von diesen Dingen ein Ereignis oder Gefühl aus, für welches du heute besonders dankbar bist. Versuche, dich für 20 Sekunden auf das Gefühl tiefer Dankbarkeit zu konzentrieren. Diese Übung tut besonders vor dem Schlafengehen gut, denn das Gefühl von Dankbarkeit fördert einen erholsamen Schlaf und erhöht deine Achtsamkeit gegenüber positiven Gefühlen und Erlebnissen am Tag.

Anfangs wird es dir vielleicht schwerfallen, diese Übungen in deinen Alltag einzubinden. Doch du wirst schnell merken, dass sich diese kurzen Übungen nach ein paar Wochen bereits routiniert anfühlen werden. Eine Achtsamkeitsübung sollte jedoch niemals unter Stress und Zeitdruck durchgeführt werden. Am besten versuchst du, die Übungen beim Frühstück, am Abend, im Büro, beim Pendeln oder vor dem Zubettgehen durchzuführen.

Hochsensibilität im Mama-Alltag

Als Mutter wird man schnell mit vielen neuen Herausforderungen konfrontiert. Sei es das Stillen, das Aufräumen oder auch das nörglige und schreiende Kind. Auch Meilensteine wie der Kindergarten- oder Schuleintritt stellen für viele Mütter eine Herausforderung dar. Als Mutter stellst du deine eigenen Bedürfnisse in den Hintergrund. Die Launen und Bedürfnisse eines Kindes stehen nun an erster Stelle. Denn ein Kind zu bekommen, bedeutet, bedingungslos zu lieben. Doch bringt das Mamasein mit seinen ganzen Herausforderungen sowohl deine besten als auch deine schlechtesten Seiten zum Vorschein. Die ständige Erreichbarkeit und das Gefühl, den Gemütslagen deines Kindes machtlos ausgeliefert zu sein, können zu Überforderung führen. So ein Verhalten lässt einen schnell an den eigenen Fähigkeiten zweifeln und Gedanken auftauchen wie „Was habe ich falsch gemacht?". Die Verantwortung, die du für dein Kind trägst, ist enorm. Also kein Wunder, dass man manchmal an sich selbst zweifelt. Wichtig ist, dass man lernt, sich abzugrenzen. Denn Grenzen schaffen Klarheit und auch Freiräume, die Kinder benötigen, um sich zu entfalten. Orientierungsgebende Regeln und Strukturen, die auch dir Freiräume verschaffen, tragen dazu bei, dass dein Kind sich positiv entwickeln kann. Auch Routinen geben Kindern Sicherheit und erleichtern den Familienalltag. Zudem geben Grenzen und Freiräume dem Kind die Möglichkeit, erste Autonomieerfahrungen zu sammeln. Diese können auch dir dabei helfen, dich besser von deinem Kind abzugrenzen und es seine Identität finden zu lassen. Da die Kleinen viel von uns abschauen und lernen, ist es wichtig, dass du versuchst, so authentisch wie möglich zu sein. Das bedeutet, dass du deine inneren Empfindungen, Gedanken und Bedürfnisse auch nach außen transportierst. Die Herausforderung besteht darin, deine Gefühle und die deines Kindes auszubalancieren. Besonders als hochsensible Mutter solltest du deinen eigenen Bedürfnissen Aufmerksamkeit schenken, um nicht in eine Spirale der Überforderung zu geraten. Selbstverständlich ist das erste Kind für jede neue Mutter erst einmal eine Ausnahmesituation mit einer höheren Belastung. Das verstärkte Ruhebedürfnis und die bereits vorherrschende Reizüberflutung der Hochsensibilität formt hier aber nochmal eine deutliche Abgrenzung. Überlege dir gut, welche Opfer du bereit zu bringen bist, wie viele verschiedene Reize du aushalten kannst, bis es dich erschöpft. Im Alltag kann schon der Kindergeburtstag oder auch der Schwimmkurs in einer vollen und warmen Halle zur Belastungsprobe werden. Deswegen ist es wichtig, dass du dir bewusst bist, auf welche Reize du besonders sensibel reagierst, wann du eine Auszeit benötigst und in welchen Situationen du um Unterstützung bitten solltest. Neben der schnellen Erschöpfung hast du aber auch die Begabung, die Bedürfnisse deines Kindes schnell zu erkennen und empathisch seine Gefühle und Emotionen zu spiegeln.

Mutterschaft: seelische und körperliche Besonderheiten

Schwangerschaft und Geburt stellen eine der intensivsten Erfahrungen im Leben dar. Von der Empfängnis bis zur Geburt leistet der Körper Unglaubliches. Zur Versorgung des Kindes bildet er ein neues Organ, die Plazenta, und lagert mehr Flüssigkeit ein. Auch wenn die körperlichen Veränderungen zu Beginn einer Schwangerschaft kaum sichtbar sind, bringt die hormonelle Umstellung das Gefühlsleben komplett durcheinander. Übelkeit, Müdigkeit und ein veränderter Appetit machen sich bemerkbar. Bei vielen Frauen sind die ersten drei Monate der Schwangerschaftsübelkeit davon geprägt. Darauf folgt aber das angenehmere, zweite Drittel der Schwangerschaft. Seelisch fühlen sich die meisten Frauen wieder wohl. Manche spüren auch eine besondere Energie, die ihnen Kraft gibt. Das letzte Drittel ist durch körperliche Beschwerden, Neugier, Respekt und Vorfreude geprägt. Die Geburt rückt immer näher und auch die Angst steigt bei vielen werdenden Müttern. Werde ich eine gute Mutter sein? Wie wird mein Alltag dann aussehen?

Die Geburt stellt eine intensive Erfahrung dar, die zum Ende hin, meist sehnlichst erwartet wird. Viele Frauen begegnen dem Geburtstermin aber auch mit einer großen Portion an Respekt, weil man vorher nie weiß, wie die Geburt verlaufen wird. Wie stark werden die Schmerzen sein? Und wie fühlen sich Wehen an? Hierbei handelt es sich um Fragen, die man nicht pauschal beantworten kann. Jede Frau macht individuelle Geburtserfahrungen. Doch alle von ihnen beschreiben die Geburt als eine der intensivsten, schmerzhaftesten, aber auch schönsten Erfahrungen in ihrem Leben.

Im Zusammenhang mit der Geburt und dem weiblichen Körper stößt man immer wieder mal auf den Begriff der weiblichen Urkräfte und der weiblichen Intuition. Eine besondere Rolle wird dabei der Gebärmutter zugeschrieben. Diese bildet das Kraftzentrum der Frau. Durch sie sind Frauen an alle Rhythmen der Erde angebunden. Durch die Menstruation kann sich unsere Gebärmutter reinigen. Man spricht auch von der energetischen Reinigung, da wir Frauen uns auf diesem Weg, einmal im Monat, von allen Informationen reinigen können, die wir durch unsere Umwelt aufgenommen haben. Gebärt eine Frau ein Kind, so wird sich ihr Leben neu ordnen und sie auf neue unbekannte Wege leiten. Als Mutter entdeckt man bei sich selbst neue Charaktermerkmale, die meist mit der tief empfundenen Liebe für das eigene Kind einhergehen. Typisch weibliche Eigenschaften wie Selbstaufopferung, Feinfühligkeit, Bescheidenheit und Nachgiebigkeit manifestieren sich. Die weibliche Urkraft hilft uns, in dieser neuen Situation auf unsere Intuition zu vertrauen und im Umgang mit unserem Kind auf unser Bauchgefühl zu hören. Auch hier sind eine erhöhte Empfindsamkeit und Feinfühligkeit von Vorteil, um die Bedürfnisse deines Neugeborenen zu verstehen und zu erfüllen.

Der Schlüssel zu mir selbst - Meine innere Welt verstehen & das Leben umarmen

Warum bin ich so ausgelaugt?

Zwischen Familie, Alltag und Job kommen Mütter schnell an ihre Grenzen. Meist wirkt es von außen so, als hätte man alles im Griff, doch im Inneren sieht es ganz anders aus. Die ständigen kleinen Diskussionen, der Haushalt und die Arbeit führen dazu, dass Mütter sich zerreißen müssen, um alles unter einen Hut zu bekommen. Auch das Umfeld meint sich nicht selten in die Erziehung der Kinder einmischen zu müssen und alles besser zu wissen. Es wird ein riesiger Erwartungsdruck aufgebaut, um dem Mutterideal zu entsprechen. Dieses bildet eine Frau ab, die sich aufopferungsvoll um ihre Kinder und ihren Mann kümmert, ihre Kleinen toll fördert, liebevoll betreut, dabei hübsch aussieht und ihren Job mühelos ausübt. Dabei sollte sie noch möglichst glücklich sein. Viele Mamas, die diesem Idealbild nacheifern, verlieren sich dabei selbst und landen in einer endlosen Belastungsspirale. Sie haben kaum noch Kraft, das Leben zu genießen, weil sie ständig am Abgrund der Erschöpfung und Müdigkeit stehen. Doch wie kannst du es schaffen, aus diesem Teufelskreis auszubrechen und wieder neue Kraft und Energie zu tanken?

1. Entspannungsübungen

Nimm dir mindestens ein paar Minuten am Tag eine Auszeit, in der du dich entspannst. Tue etwas, dass dir guttut und dich glücklich macht. Auch wenn es nur ein paar Minuten sind, die du dir am Tag gönnst, schaffen diese freien Minuten einen klaren Kopf, mit dem du Stress sowie negative Emotionen besser verarbeiten kannst.

2. Gedanken aufschreiben

Schreibe deine Sorgen auf. Viele Gedanken begleiten uns den ganzen Tag über und es fällt uns schwer, diese abzuschütteln. Beim Aufschreiben solcher Gedanken, wird einem oft bewusst, dass man vieles in Gedanken als Katastrophe sieht, was aber in Wahrheit gar nicht so schlimm ist, wie man es sich ausmalt.

3. Belohnungen

Belohne dich ab und zu selbst. Du hast einen anstrengenden Tag erfolgreich gemeistert oder einen Konflikt heute konstruktiv gelöst? Dann belohne dich für deinen Erfolg, sei es nur ein schöner heißer Kaffee oder ein wunderbar duftendes Bad.

4. Besuche Freunde und Familie

Ein Besuch bei Freunden und Verwandten kann die Laune schnell heben und dich von deinen Alltagssorgen ablenken. Nimm dir ab und zu Zeit für einen Mädelsabend, denn in großer Runde wirst du schnell merken, dass du nicht die einzige Mutter bist, die sich erschöpft und ausgelaugt fühlt. Achte aber trotzdem weiterhin darauf, genug Ruhe einzuplanen. Denn diese tankt deine Kraftreserven wirklich auf.

5. Werde kreativ

Kreativität regt den Geist an und lässt einen den Alltag vergessen. Lass deiner Kreativität freien Lauf und versuche, dich im Malen, Basteln, Nähen oder Musizieren selbst zu verwirklichen. Gefühle und Gedanken lassen sich mit kreativen Werkzeugen oft leichter ausdrücken als sie sich in Worte fassen lassen.

Neben diesen praktischen Dingen, die du tun kannst, um Stress und Überforderung vorzubeugen, gibt es auch gedanklich ein paar Dinge, die du ändern kannst. Sind deine Stressgedanken besonders stark ausgeprägt und neigst du zu Grübeleien, die deinen Alltag bestimmen, können folgende Tipps dir dabei helfen, dich von diesen zu befreien.

1. Das Wort „muss“ streichen.

Versuche, realistische Ansprüche an dich zu stellen. Du musst auch als Mutter nicht immer 100% geben. Dies schafft kein Mensch auf Dauer. Setze dir Prioritäten, die auch persönliche Auszeiten berücksichtigen. Welche Aufgabe erfordert eine 100-prozentige Leistung und welchem Bereich reichen auch 80% aus? Stelle dir Herausforderungen, die du auch wirklich bewältigen und meistern kannst. Versuche, in diesem Zusammenhang das Wort „müssen“ durch „erlauben“ zu ersetzen.

2. Du darfst Schwäche zeigen.

Keine Mutter kann bei den vielen Anforderungen immer nur stark sein. Schwäche zeigen ist erlaubt und kann entlastend wirken. Versuche, dich einer engen Bezugsperson anzuvertrauen. Gestehe dir deine Schwächen ein und rede offen über deine Gefühle. Erzähle von Situationen, die dich belasten oder überfordern. Dein Gegenüber hat vielleicht bereits eine ähnliche Situation erlebt und kann dir mit Ratschlägen zur Seite stehen. Richte dich gerne vor allem an andere Menschen mit Hochsensibilität. Denn höchstwahrscheinlich können nur diese vollumfänglich nachvollziehen, was du genau meinst.

3. Schutzräume schaffen.

Schaffe dir einen Raum, an den du dich zurückziehen kannst, wenn dir alles zu viel wird. Auch du auch als hochsensible Mutter solltest darauf achten, dir regelmäßig Auszeiten zu gönnen und dich ungestört zurückziehen zu können. Dieser Raum kann in Gedanken existieren oder auch im realen Leben. Wichtig ist nur, dass er dir gefällt und dich erdet.

Hilfe, du nervst mich!

Hochsensible Menschen können bei Überstimmulation auch schnell gereizt, genervt und wütend reagieren. Wenn die Überreizung zu stark wird, und das Stressregulationssystem die ankommenden Reize nicht verarbeiten und regulieren kann, schalten Hochsensible in den Angriff- oder Fluchtmodus. Sie ziehen sich zurück oder reagieren impulsiv auf alle weiteren Reize sowie Berührungen. Dies kann in einem Wutanfall enden, in dem man der hochsensiblen Person am besten eine Auszeit gibt, sodass sie sich selbst wieder beruhigen kann. Damit solche Reaktionen nicht täglich vorkommen, ist es wichtig, dass Hochsensible die Reizschwelle ihrer Nerven kennen. Jede hochsensible Person hat etwas, dass sie triggert und dazu führt, dass sie sich schneller überlastet fühlt als andere. Dies kann Zeitdruck sein, bestimmte Berührungen, ein bestimmter Geruch oder ein Ton, den sie nicht aushalten kann. Versuche, deine individuelle Reizgrenze und deine „Triggerreize“ herauszufinden. Dies kann dir dabei helfen, rechtzeitig die Reißleine zu ziehen und Ausraster zu vermeiden. In einem stressigen Alltag ist es aber meist nicht so leicht, diesen Reizüberflutungen auszuweichen. Du könntest dir deswegen überlegen, wie du es schaffst, gelassener mit Wutanfällen und Überreizungen umzugehen. Mir persönlich haben Yoga und Meditation dabei geholfen, mich in stressigen Zeiten wieder zu erden und runterzufahren. Keine Sorge, wenn Yoga nichts für dich ist. Es gibt viele verschiedene Arten davon, die du alle kennenlernen kannst. Vielleicht liegt dir auch mehr die Meditation? Bei der bündelst du deine Aufmerksamkeit, indem du dich auf einen ganz bestimmten Gedanken, eine bestimmte Emotion oder auf deine Atmung konzentrierst. Durch diese Fokussierung beruhigst du deinen Geist und verschließt diesen vor weiteren Reizen. Du fühlst dich anschließend ausgeglichener und weniger gestresst. Eine einfache Meditationsübung, die dir dabei hilft, zur Ruhe zu kommen, nennt sich „Energie tanken“. Diese Übung dauert nicht zu lange und lässt sich beliebig in den Alltag integrieren.

Nimm dir ein paar Minuten Zeit und konzentriere dich auf deine Atmung. Atme mehrmals tief ein und aus. Stelle dir beim Einatmen vor, dass neben der frischen Luft auch neue Energie in deinen Körper strömt. Du kannst ihr auch eine Farbe geben, die du besonders magst und du mit Glück verbindest. Diese Energie durchfließt deinen gesamten Körper: die Augen, die Nase, deine Schultern, deinen Oberkörper, deine Arme, den Bauch, deine Beine bis hin zu deinen Zehenspitzen. Beim Ausatmen kannst du dir vorstellen, wie deine verbrauchte Energie deinen Körper über deine Lunge verlässt. Du kannst dir auch ruhige, entspannte Musik dabei anmachen. Dies kann dir dabei helfen, schneller in den Zustand der Entspannung zu kommen.

Schattenseiten

Da hochsensible Menschen sehr begeisterungsfähig sind, fällt es ihnen leicht, sich an den einfachen Dingen im Leben zu erfreuen. Mit der Zeit wissen sie, welche Aktivitäten sie überfordern und wie sie ihren Alltag strukturieren müssen, um weniger gestresst zu sein. Doch oft lassen sich stressige Phasen nicht vermeiden. Wenn alles auf einmal zusammenkommt, sind Hochsensible manchmal kurzzeitig überfordert, da sie Routinen und Erholung nicht mehr unterbekommen. In einer solchen Lebensphase sind sie besonders überreizt und sehnen sich nach Harmonie und Ruhe. Sollte eine stressige Phase zu lange andauern, kann es dazu führen, dass die hochsensible Person einen Burn-out oder eine Depression erleidet. Denn viele Reize bedeuten auch, vieles zu analysieren. Hochsensible zerbrechen sich über die am Tag erlebten Dinge meist noch lange den Kopf. Sie durchleuchten Dinge, nehmen verschiedene Sichtweisen ein und interpretieren und bewerten Situationen von unterschiedlichen Standpunkten aus. Auch die Gabe der Selbstreflexion kann sich schnell in eine Nebenwirkung verwandeln. So kämpfen meist nachts viele Hochsensible mit Selbstkritik und Selbstzweifeln, was sich negativ auf den Schlaf auswirken kann, da man schlechter zur Ruhe kommt. Sie stellen überhöhte Ansprüche an sich selbst und sind durch ihr Rückzugsverhalten meist sozial isolierter als andere, fühlen sich damit aber sehr wohl und das ist auch in

Ordnung so. Viele Menschen haben kein Verständnis für die häufigen Ruhephasen und Grenzen, die Hochsensible brauchen. Sie sind neben den genannten Gründen ebenfalls besonders anfällig für die Entwicklung einer Depression, weil sie durch ihre ausgeprägte Empathiefähigkeit mit Menschen „mitleiden". Dieses miterleben von Schicksalsschlägen oder traumatischen Ereignissen kann dazu führen, dass eine hochsensible Person selbst psychisch erkrankt. Es ist deswegen besonders wichtig, dass du als hochsensibler Mensch, für deine seelische Gesundheit gut sorgst und ein gesundes Selbstbild aufbaust. Folgende Tipps können dir dabei helfen, dein psychisches Wohlbefinden in schlechten Phasen wiederherzustellen:

1. Medienfasten. Gönne dir ein wenig Seelenfrieden und richte dir Nachrichtenpausen ein, in denen du bewusst nichts vom Weltgeschehen mitbekommst. Ganz einfach erreichst du das allein schon mit einem Appblocker auf deinem Handy, der beispielsweise Social-Media-Apps für einen gewünschten Zeitraum unzugänglich macht. So verhinderst du gedankenloses Scrollen und die typische Reizüberflutung, die damit einhergeht.
2. Engagiere dich in einem Bereich, der dich besonders bedrückt. Nimmt dich der Klimawandel emotional mit, dann engagiere dich bei einer Organisation, die sich diesem

Thema annimmt. So hast du das Gefühl, etwas Gutes zu tun und kannst deine Hochsensibilität nutzen, um anderen zu helfen.

3. Versuche, viel zu schlafen. Meist klappt dies am besten, wenn man sich eine frühe Bettzeit einrichtet. Finde heraus, wie viel Schlaf dein Körper benötigt und versuche, ihm diesen zu geben. Als Mutter ist dies sehr unrealistisch. Wenn dein Kind aber bspw. gerade schläft, muss nicht immer sofort die Wohnung auf links gezogen werden. Auch du darfst dann mal eine Tee- oder Kaffeepause machen und das in angenehmer Stille.
4. Versuche, bewusst Reizüberflutungen zu vermeiden. Es ist beispielsweise nicht ratsam, in der Rushhour in die Stadt oder einkaufen zu gehen.
5. Vertraue dich deinem engen sozialen Umfeld an. Erkläre ihnen, warum du bestimmte Aktivitäten meidest. Durch deine Erklärung können sie deine Entscheidungen nachvollziehen und zeigen sich bestimmt das nächste Mal toleranter. Diese Gedanken erübrigen sich, wenn du Kontakt zu anderen HSPlern suchst.

Obwohl die Hochsensibilität mit psychischen Störungen einhergehen kann, stellt sie an sich keine Krankheit oder Diagnose dar. Sie stellt weniger eine psychische Störung, sondern eher eine erweitere Fähigkeit zur Wahrnehmung von Umweltreizen dar.

Dennoch sind viele Hochsensible durch dieses besondere Temperament anfälliger für psychische Störungen. Bei Anzeichen auf eine psychische Erkrankung sollte deswegen umgehend gehandelt werden. Fühlst du dich leer, erschöpft, traurig und antriebslos, könnte dies ein Anzeichen für eine bevorstehende depressive Episode sein. Du solltest dann nicht zögern, dich bei einem Psychotherapeuten vorzustellen. Umso früher du dir in einer solchen Phase Hilfe holst, desto schneller geht sie meist auch vorüber. Auch wenn du das Gefühl haben solltest, dass deine Umwelt, deine Gedanken und dein Körper irreal und fremdgesteuert sind, solltest du dir professionelle Unterstützung suchen und dich auf keinen Fall dafür schämen. Nicht immer muss hinter diesen Anzeichen auch eine ausgeprägte psychiatrische Erkrankung stehen. Dennoch scheint eine Abklärung bestimmter Symptome im Zusammenhang mit Hochsensibilität sinnvoll, um unterstützende Maßnahmen einleiten zu können.

Soziales Leben & Umgang mit anderen

Umgang mit Konflikten & Beziehungsabbrüche: Warum hochsensible Menschen häufig in Extremen leben

Beziehungen und Partnerschaften erleben Hochsensible besonders intensiv. Meist sind sie deswegen in einer Liebesbeziehung sehr glücklich und bei Trennung todunglücklich. Sie haben einen Blick für Details sowie ein ausgeprägtes Einfühlungsvermögen. In Krisensituationen sind es deswegen meist die Hochsensiblen, die einen kühlen Kopf bewahren, alle Seiten berücksichtigen und über sich hinauswachsen. Sie fühlen sich ihrem Partner gegenüber verantwortlich, verpflichtet und wollen seinen Ansprüchen entsprechen. Doch weiß auch die hochsensible Person, dass sie bei Reizüberflutung mit ihrem Verhalten anecken kann und sich sozial meist eher isoliert. Es fällt ihnen deswegen oft schwer, echte Nähe zuzulassen. Aber auch die Gefühle innerhalb einer Beziehung wie Liebe, Glück, Traurigkeit und Enttäuschung lassen sie übermäßig stark fühlen, was dazu führt, dass sie ständig in Extremen leben. Durch fehlende Selbstabgrenzung identifizieren sie sich schneller mit ihrem Gegenüber und fühlen auch dessen Enttäuschung und Wut. All dies kann zutreffen, muss es aber nicht zwingend. Sie nehmen die Gefühle ihres Partners von Natur aus intensiver auf und denken über diese viel nach. Dies kann dann zu körperlichen und mentalen Erscheinungen wie Schlafstörungen, Minderwertigkeitskomplexen und Magen-Darm-Störungen führen. Besonders bei Konflikten innerhalb der Beziehung und Beziehungsabbrüchen leiden Hochsensible so stark, dass sie ausgeprägte Selbstzweifel oder Trennungsangst aufweisen. Der einzige Weg zu einer funktionierenden Beziehung, in denen eine hochsensible Person ihre Angst vor Nähe ablegen kann, ist die offene Kommunikation. es müssen innerhalb der Partnerschaft klare Regeln und Grenzen gesetzt werden, die beide befürworten. Schaffe bei deinem Partner Verständnis, indem du ihm von bisherigen Erlebnissen der Reizüberflutung erzählst. Sei aber auch bereit, selbst etwas zu ändern, wie zu lernen, dich besser von deinem Partner abzugrenzen.

Das Aliengefühl: Wege aus der Isolation

Viele Hochsensible schämen sich für ihr Verhalten. Sie fühlen sich nach einem Beziehungsabbruch meist schuldig und isolieren sich von ihren sozialen Kontakten. Sie fühlen sich wie ein „Alien", das nicht in seine Umgebung passt. Dabei sind Schamgefühle an sich nichts Schlimmes, sondern eine ganz normale menschliche Empfindung. Sie können sogar dabei helfen, denselben Fehler nicht noch einmal zu begehen. Im Falle einer hochsensiblen Person gehen Schuld und Scham jedoch meist über das normale Maß hinaus. Man spricht dann auch von toxischen Schamgefühlen. Diese geben einem das Gefühl, nicht normal oder in Ordnung zu sein. Nicht nur eine Handlung oder ein Gefühl, dass sich falsch anfühlt, sondern die gesamte eigene Person wird als schlecht und falsch abgewertet. Hochsensible fühlen sich schuldig, weil sie mit ihrem Verhalten und ihren Handlungen, ihrer Meinung nach, dafür gesorgt haben, dass der Partner sie verlässt. Diese Gedanken und Gefühle können in einem Minderwertigkeitskomplex münden. Sie können sich selbst nicht mehr leiden und fühlen sich zu nichts mehr zu gebrauchen. Dies kann dazu führen, dass sie neben einem ausgeprägten Minderwertigkeitsgefühl auch so etwas wie eine soziale Phobie entwickeln. Diese ist dadurch gekennzeichnet, dass sich die hochsensible Person nicht mehr traut, in Kontakt mit anderen Menschen zu treten, aus Angst etwas falsch zu machen. Sie vermeiden dann soziale Situationen und verlassen, in extremen Fällen, nicht mehr das Haus. Ein Gespräch mit einem Psychologen ist in so einem Fall ratsam und kann der betroffenen Person weiterhelfen.

Meine Welt, deine Welt

Die Wahrnehmungen, wie wir uns selbst sehen und wie andere uns sehen, sind selten identisch. Die Selbstwahrnehmung stellt gemeinsam mit der Selbstbeobachtung die Grundlage unseres Selbstbildes dar. Auch die Fremdwahrnehmung formt unser Selbstbild, indem wir uns in Bezug auf Aussagen zu unserem Selbst, auf andere Personen verlassen. Jeder Mensch verfügt über ein inneres Selbstbild, nach dem er handelt, fühlt und lebt. Dieses Bild verkörpert er nach außen hin durch seine Gestik, Mimik und Sprache. Auf Basis dieses Verhaltens schließt das Gegenüber auf unsere Gedanken und Intentionen, die nicht immer mit den eigentlich beabsichtigten Zielen einhergehen müssen. Wenn Menschen miteinander kommunizieren, treffen verschiedene innere Modelle und Selbstbilder aufeinander, die aus Rückschlüssen die eigene Wahrnehmung kreieren. Die nonverbalen Informationen, die uns unser Gegenüber liefert, helfen uns dabei am meisten. Das bedeutet im Umkehrschluss: Je besser wir unsere Selbstwahrnehmung kennen, desto besser können wir diese durch unsere Repräsentation nach außen hin vertreten. Denn wenn wir wissen, wie wir auf andere wirken, können wir unsere Anliegen durch nonverbale Signale umso besser ausdrücken. Wie alle Fähigkeiten lässt sich auch die Körpersprache durch Videoaufzeichnungen oder Feedback trainieren. In Situationen, in denen du dir nicht sicher bist, wie du auf andere gewirkt hast, kannst du dir bei einer vertrauten Person Feedback einholen. Wichtig ist, dass diese Person auch in der Lage ist, konstruktiv Kritik auszuüben. Je besser dein Selbstbild und dein Fremdbild übereinstimmen, desto authentischer und überzeugender wirkst du auf andere.

Beim Interpretieren und Aufnehmen der nonverbalen Signale anderer Personen, fällt es vor allem hochsensiblen Menschen schwer, sich von den kommunizierten Gefühlen abzugrenzen. Da Hochsensible so intensiv fühlen und die Gefühle ihres Gegenübers empathisch nachempfinden, besteht die Gefahr, dass die eigene Gefühlswelt mit der Gefühlswelt der anderen Person vermischt wird. In diesem Fall spricht man in der Psychologie von der Übertragung und Gegenübertragung. Bei der Übertragung werden eigene, meist verdrängte, Gefühle, Bedürfnisse oder Gedanken unbewusst auf eine neue Person übertragen. Ursprünglich waren diese Gefühle beispielsweise auf die Mutter oder die Familie gerichtet. Da dich dein Gegenüber aber so sehr an deine Mutter erinnert, überträgst du die längst vergessenen Gefühle auf sie. Dies ist ganz normal und kommt im alltäglichen Leben oft vor. Doch bringt eine Übertragung meist Spannungen und Konflikte mit sich, die lange geruht haben. In vielen Situationen erscheint die Übertragung unangemessen und unangebracht, da dein Gegenüber nichts für deine verdrängten Gefühle kann, die er oder sie in dir auslöst. Die Gegenübertagung bezeichnet den Prozess, in dem der andere auf die übertragenen Gefühle reagiert.

Ich bin, wie ich bin! Mein Weg zum gesunden Selbstwert

Akzeptanz & Selbstannahme

Wie bereits beschrieben prägt das Fremdbild unser Selbstbild. Viele hochsensible Menschen haben von klein auf immer wieder Aussagen wie „Du bist aber schwierig“, „Stell dich nicht so an“ oder „Du reagierst aber immer empfindlich“ zu hören bekommen. Ihr Selbstbild unterliegt deswegen meist dem negativen Feedback, das sie von ihrem Umfeld bekommen haben. Das Unverständnis, das vielen Hochsensiblen entgegenschlägt sowie die Wahrnehmung ihrer eigenen Andersartigkeit, führen meist zu einem negativen Selbstbild, das viele Hochsensible von sich haben. Sie fühlen sich verkehrt, als Außenseiter und irgendwie falsch. Sie sind dementsprechend voller Selbstzweifel und weisen eine geringe Selbstwirksamkeitserwartung auf. Darüber hinaus sind sie sehr kritisch mit sich selbst, da sie perfektionistische Ansprüche an sich erheben, die sie nicht immer erfüllen können. Hochsensible sind ausgeprägte innere Kritiker, was eine negative Selbstwahrnehmung fördert. Sie selbst, aber auch andere, üben einen hohen Erwartungsdruck aus, den sie aufgrund der intensiven Reize nicht immer erfüllen können. Wichtig ist es deswegen, dass

Hochsensible wissen, was sie in ihrer aktuellen Lebensphase erreichen wollen, welche Erwartungen sie an sich selbst haben und ob diese mit ihren Wünschen übereinstimmen.

Du kannst dir deinen eigenen Wünschen und Erwartungen bewusst werden, indem du dir fünf essentielle Fragen stellst:

1. Wenn du wüsstest, du hättest nur noch ein Jahr zu leben, wie würdest du dieses dann verbringen?

---

2. Wie möchtest du in Erinnerung behalten werden?

---

3. Wovon träumst du, hast jedoch zu viel Angst, diese Träume auch umzusetzen?

---

4. Was hast du als Kind getan, was du nun nicht mehr tust?

---

5. Bei welchen Aktivitäten verlierst du das Zeitgefühl?

Nimm dir zur Beantwortung dieser Fragen ruhig ein wenig Zeit. Schreibe deine Gedanken auf und mach dir bewusst, welche Antwort besonders wichtig für dich ist. Dies stellt für viele eine große Herausforderung dar und erfordert den Mut, sich selbst und sein bisheriges Leben zu reflektieren. Lass dir auf der Suche nach deinen Zielen und Wünschen im Leben von niemandem etwas einreden. Jetzt stehst du an erster Stelle und es sind deine Wünsche und Erwartungen, die du dir erfüllen solltest. Die Antworten auf diese Fragen werden dich auf der Suche nach deinen Wünschen und möglichen neuen Prioritäten im Leben unterstützen, indem sie dir zeigen, wie du von anderen gesehen werden willst, was dir Spaß macht und welche Aktivitäten, du wieder aufnehmen solltest. Um diese Fragen beantworten zu können, solltest du dir auch deiner Werte bewusst sein, die du vertrittst. Denn nur wenn du im Einklang mit deinen Wertvorstellungen lebst, bist du beim Erreichen eines Ziels auch wirklich glücklich.

Unser Stresssystem im Gleichgewicht: Ich komme zur Ruhe

Da Ratschläge von außen ein negatives Selbstbild oft nur verstärken, ist es wichtig, dass du versuchst, diese gut gemeinten Ratschläge abzuschütteln. Viele Menschen fühlen nicht so wie du fühlst und wissen nicht, was in dir vorgeht. Sie sind also nicht in der Lage, dir Ratschläge zu erteilen, auch wenn das von unseren Liebsten nur gut gemeint ist. Du solltest dir bewusst machen, dass du selbst das Entwickeln eines positiven Selbstbildes in die Hand nehmen musst.

1. Achtsamkeit üben

Achtsamkeitsübungen können dir dabei behilflich sein, dein Selbstwertgefühl zu steigern. Sie helfen, Stress zu reduzieren und die eigene Person sowie die eigenen Grenzen kennenzulernen. Eine Übung, die dir dabei helfen kann, ein positives Selbstbild aufzubauen, ist die Dankbarkeitsübung. Dabei nimmst du dir jeden Abend ein paar Minuten Zeit und schreibst dir auf, wofür du heute dankbar bist. Es kann sich dabei um etwas zu essen, ein Gefühl oder eine Person handeln, die dich heute glücklich gemacht hat und für die du dankbar bist. Versuche, die genaue Situation und dein Verhalten zu visualisieren. Wie hast du deine Dankbarkeit ausgedrückt? Möchtest du sie das nächste Mal anders ausdrücken? Wenn du eine Person visualisierst, frage dich, ob dein Gegenüber vielleicht auch heute besonders glücklich war, dich zu treffen. Regelmäßiges Wiederholen der Übung ist wichtig und kann einen erholsamen Schlaf fördern.

2. Verbesserung der Selbstakzeptanz

Um deine Selbstakzeptanz und damit einhergehend dein Selbstbild zu verbessern, solltest du dich selbst als Person annehmen und deine Fehler und Schwächen akzeptieren. Versuche, dir bewusst zu machen, dass niemand perfekt ist. Denn wenn du nur den Idealvorstellungen anderer Menschen hinterhereiferst, wirst du nie zufrieden sein und deinem Selbstwertgefühl nachhaltig schaden. Mehrere kleinere Übungen können dir helfen, deine Selbstakzeptanz und dein Selbstbild zu verbessern. Lies Biografien von hochsensiblen Menschen und schaue, wie diese mit Reizüberflutungen umgehen und was diese tun, um ihr Selbstbild zu stärken. Eine weitere Übung, die dir dabei helfen könnte, dein Selbstwertgefühl zu steigern, wäre dir selbst im Spiegel zuzulächeln oder dich am Abend für drei Dinge selbst zu loben, die du den Tag über erfolgreich gemeistert hast. Am Anfang kann es sein, dass man sich ziemlich blöd dabei vorkommt. Aber keine Sorge! Das legt sich bei regelmäßigem Üben.

3. Verantwortung für dein Leben übernehmen

Du selbst solltest dein Leben in der Hand haben und nicht so führen, wie andere es gerne hätten.

Schreibe das Drehbuch zu deinem eigenen Leben selbst. Denn in den meisten Fällen sind wir selbst für das verantwortlich, was in unserem Leben passiert. Wenn du lernst, bewusst Verantwortung für deine Taten und Handlungen zu übernehmen, wird dein Selbstbewusstsein wachsen. Anhand einer einfachen kurzen Übung lässt sich das Übernehmen von Verantwortung erlernen. diese Übung besteht darin, dass du dir jedes Mal, wenn du jemand anderen verantwortlich für etwas in deinem Leben machst, aufschreibst, warum auch du mitverantwortlich für diese Handlung oder dieses Erlebnis bist. Dies soll dich keinesfalls herunterziehen oder kleinmachen, sondern einfach den nötigen Weitblick geben und Bewusstsein schaffen.

4. Sicheres Behaupten der eigenen Meinung und Ansichten

Vielen Menschen fällt es schwer, ihre Meinung vor anderen zu vertreten oder gar zu verteidigen. Durch deine Einfühlsamkeit und Harmoniebedürftigkeit, hast du eher das Bedürfnis, Konflikten aus dem Weg zu gehen, anstatt für deine Meinungen und Ansichten einzustehen. Es fällt dir dann wahrscheinlich auch schwer, die Stimme gegen eine andere zu erheben, auch wenn diese im Unrecht ist. Anhand von Alltagssituationen kannst du gezielt das Äußern deiner persönlichen Meinung üben. Wenn jemand sich an der Supermarktkasse beispielsweise vordrängelt, stehe für dein Recht und deine Ansichten ein. Durch deinen ausgeprägten Gerechtigkeitssinn, kannst du dich darauf verlassen, die Situationen richtig einzuschätzen. Versuche, dein Harmoniebedürfnis zu reduzieren und dich zu behaupten. Gehe dabei aber nicht über deine persönlichen Grenzen hinaus und halte deine aufgestellten Wertvorstellungen ein.

5. Zielgerichtetes Leben

Ziele und Wünsche, die du dir gerne einmal erfüllen möchtest, geben deinem Leben einen Sinn und eine Richtung. Du solltest dir deswegen berufliche sowie private Ziele überlegen, die du gerne im Leben erreichen würdest. Was motiviert dich und was ist dir besonders wichtig? Überlege dir mindestens ein langfristiges Ziel, das du gerne umsetzen möchtest. Wenn es sich dabei um ein großes Ziel handelt, kann es sinnvoll sein, dieses in mehrere Teilzielen zu zerlegen, damit du nicht gleich überfordert bist. Vergiss nicht, dich zwischendurch bereits ein wenig zu belohnen, wenn du deinem Ziel einen Schritt näherkommst. Vieles scheint machbar, wenn wir uns einen Zeitraum von mehreren Jahren geben. Auch steigert das Verfolgen von Zielen die Selbstwirksamkeitserwartung und geht damit mit der Entwicklung eines positiven Selbstbildes einher.

6. Persönliche Integrität

Integrität beschreibt den Mut, das Richtige zu tun, auch wenn es dir in der Situation besonders schwerfällt. Selbstakzeptanz und ein ausgeprägtes Selbstbewusstsein können dabei helfen, denn Mut und Vertrauen in die eigene Person stehen dafür an erster Stelle. Mach dir bewusst, wie deine Ziele und

Werte aussehen, nach denen du handeln willst. Bist du dir selbst treu? Oder müssen diese nochmals überarbeitet und angepasst werden? Durch das Wissen, dass du, die Person bist, die du gerne sein möchtest und die Werte vertrittst, die dir wichtig sind, steigen dein Selbstwertgefühl und deine Selbstakzeptanz.

7. Yoga

Auch Yoga verbessert deine Selbstwahrnehmung und deine Selbstfürsorge. Yoga kann dich unterstützen, deine eigene Sensibilität als Stärke und nicht als Schwäche anzusehen. Durch achtsame Haltungen finden viele Hochsensible hier ebenfalls Hilfe bei der Suche nach ihrem persönlichen Lebenssinn. Yoga bietet dir gleichzeitig die Möglichkeit, eine Auszeit zu nehmen und den Stress und die vielen Reize für einen Moment auszublenden. Du stehst wieder im Kontakt mit dir selbst und baust durch die regelmäßige Atmung Stresshormone ab. Eine einfache Yoga-Übung, die du zu Hause nachmachen kannst, nennt sich „der Krieger". Strecke dafür deine Arme auf Schulterhöhe aus und stelle deine Beine weit auseinander. Deine Fußgelenke sollten sich dann auf einer senkrechen Linie mit deinem Handgelenken befinden. Nun drehe den linken Fuß nach außen auf, beuge dein Knie ein wenig und drücke den rechten Fuß fest in den Boden. Versuche, deinen Rücken dabei gerade zu halten und deinen gesamten Körper anzuspannen. Die Position solltest du für mindestens 20 Sekunden halten und anschließend die Seite wechseln. Mit ein wenig Übung wirst du bald in der Lage sein „den Krieger“ auch für 30-60 Sekunden halten zu können. Obwohl diese Übung viel Durchhaltevermögen und Anspannung erfordert, ist sie gut für Yoga-Anfänger*innen geeignet.

Neben diesen Übungen zur Steigerung einer positiven Selbstwahrnehmung, ist es wichtig, dass du dir Rückzugsorte oder Ruhezonen schaffst. Yoga ist dabei nur ein Beispiel für eine persönliche Auszeit, die du dir gönnen solltest. Dein persönlicher Raum, sollte nach deinen Vorstellungen gestaltet sein. Am besten ohne technische Geräte und ohne Ablenkungen. Vielleicht möchtest du dort eine Duftkerze anzünden oder dir Kissen hinlegen, damit du es an deinem Platz auch gemütlich hast. Nicht immer muss es sich um einen echten Ort handeln. In vielen Haushalten ist es nicht möglich, einen zusätzlichen Raum zur Verfügung zu haben. Überlege dir deswegen, ob du deinen persönlichen Rückzugsort auch in der Natur finden kannst. Viele Hochsensible können in der Natur Ruhe und Entspannung finden. Nimm dir eine Yogamatte oder eine Decke mit und suche dir draußen einen ruhigen Ort, an dem du herunterkommen kannst.

Gelassenheit & Selbstliebe

Es ist menschlich, dass man manchmal den Überblick über sein eigenes Inneres verliert. In diesem Zusammenhang ist dir bestimmt der Spruch „Man sieht den Wald vor lauter Bäumen nicht" schon einmal über die Ohren gekommen. Oft ist es so, dass wir uns zu sehr auf ein Problem fokussieren und alles andere um uns herum ausblenden. In diesem Moment haben wir Scheuklappen vor den Augen, die uns die Lösung oder die Alternativen nicht sehen lassen. Wir fangen an, uns selbst zu bemitleiden, uns zu bedauern und immer wieder über das Problemthema zu reden. Auch unsere inneren Gedanken kreisen nur um das eine Thema. All unsere Energie verschwenden wir mit Nörgeln und Grübeleien. Doch davon wird sich unser Problem nicht lösen, denn die Ursache liegt meist in uns selbst. Unser Denken und unser Verhalten bestimmen meist eine solche Lage. Versuche, das Problem mit Abstand aus der Vogelperspektive zu betrachten. Wieso ist das Gleichgewicht durcheinandergeraten? Was kannst du tun, um deine innere Balance wiederherzustellen und was kann dein Umfeld dazu beitragen? Wechsele einmal die Perspektive und lenke dabei deine Aufmerksamkeit ganz bewusst auf neue Aspekte und bisher vernachlässigte Blickwinkel, denn deine bisherige Sichtweise wird dir nicht die Lösung liefern. Hochsensiblen Personen fällt es zum Glück sehr leicht, die Dinge aus einer anderen Perspektive zu betrachten, wenn sie sich darauf einlassen. Damit dir der Perspektivenwechsel gelingt, kann dir eine

Fantasiereise helfen. Stelle dir dafür vor, dass du auf den Flügeln eines Adlers mitfliegst. Er fliegt über dich und dein Leben hinweg. Von hier oben, aus sicherer Entfernung, kannst du alles, was sich dort unten in deinem Leben gerade abspielt, beobachten. Du kannst jedes kleine Detail erkennen, wie dein Leben gerade ist, aber auch wie es sein wird, wenn du eine bestimmte Entscheidung bewusst triffst. Du spürst die warmen, weichen Federn des Adlers und das Gefühl von Freiheit macht sich in deinem Körper breit, als er noch höher mit dir in die Lüfte fliegt. Betrachte in aller Ruhe und so lange wie du es möchtest dein Leben von hier oben aus. Frage dich, was für dich in deiner problembehafteten Situation gerade wichtig ist. Welche Möglichkeiten kannst du von hier oben erkennen, die eine Verbesserung deiner Situation bewirken könnten? Vielleicht erkennst du die Lösung nicht sofort. Doch je länger du deine Situation aus der Vogelperspektive betrachtest, desto klarer wird die Antwort werden.

Meist musst du auch deine Ängste überwinden, um der Lösung des Problems einen Schritt näher zu kommen. Wie schon erwähnt, ist es gerade in Partnerschaften oft so, dass hochsensible Personen Ängste, wie beispielweise vor Nähe, haben. Dabei ist Angst an sich nichts Schlechtes. Sie warnt uns vor Gefahren, doch manchmal reagiert dieses Gefahrensystem auf Dinge, die wir normalerweise nicht fürchten würden. Angstgefühl lässt uns manchmal stillstehen und auf der Stelle treten. Man versucht, die Angst zu verdrängen, aber wirklich auflösen wird sie sich so nicht. Wir müssen uns unseren Ängsten stellen, um sie zu überwinden, um feststellen zu können, dass sie, in den meisten Fällen, unbegründet ist. Beobachte dich: Was löst deine Angst aus? Was für Gedanken kommen dir? Welche Gefühle löst die Situation in dir aus? Und wie schaffst du es, dich zu entspannen? Die eigenen Ängste zu überwinden, ist sehr unangenehm und erfordert viel Mut. Du solltest deswegen nicht gleich alle deine Ängste bekämpfen wollen, sondern Schritt für Schritt vorgehen, sodass dein Körper und deine Seele sich zwischendurch auch entspannen können. Besonders als hochsensible Person reagierst du stärker auf Umwelteinflüsse als andere Personen und erlebst Angstsituationen intensiver als andere Menschen. Folgende Tipps können dir dabei helfen, deine Ängste zu überwinden:

1. **Konfrontiere dich mit der Angst**. Suche dir etwas, was dir Angst macht. Bleiben wir bei dem Beispiel der Angst vor Nähe in Beziehungen. Konfrontiere dich mit etwas, dass dir zwar Angst einjagt, aber bei dem du dich überwinden könntest, es doch zu tun. Wie beispielsweise eine Schublade mit deinen Sachen bei deinem Partner einzurichten. Du kannst auch mit etwas Einfacherem anfangen, wie z.B. die Zahnbürste bei ihm/ihr zu platzieren. Wenn du dies geschafft hast, belohne dich und versuche, dich langsam zu steigern. Wähle immer eine Sache aus, die dich etwas mehr Überwindung kostet als die

vorherige. Deinen Partner wird es zudem sicher auch freuen!

2. **Versuche, deine Bewertung der Situation zu verändern**. Auslösend für unsere Ängste sind meist die Gedanken, die mit der Situation einhergehen. Wir bewerten die Situation als bedrohlich, auch wenn sie es, objektiv betrachtet, gar nicht ist. Versuche, deine Gedanken dahingehend so detailliert wie möglich zu ergründen. Schreibe diese Gedanken ruhig auf und überlege dir, wie du diese in positive Gedanken umformulieren kannst.

3. **Entspannungstechniken gegen körperliche Begleiterscheinungen**. Jeder Mensch hat individuelle Techniken, mit denen er sich entspannen oder beruhigen kann. Versuche herauszufinden, welche für dich die beste ist. Du solltest dafür bestimmte Atemtechniken ausprobieren oder die progressive Muskelrelaxation, bei der du bestimmte Muskelgruppen unter Stress anspannst und dann wieder entspannst. Auch autogenes Training, Meditation oder dir selbst gut zureden, kann dabei helfen, die körperlichen Symptome in Angstsituationen zu verringern. Jeder ist sehr individuell in dem, was ihm in solchen Momenten guttut.

4. **Über Hochsensibilität sprechen**. In Angstsituationen, die in Verbindung mit deiner Hochsensibilität stehen, kann es helfen, offen darüber zu sprechen. Viele Menschen reagieren auf dein Verhalten mit Unverständnis, was bei dir zu Scham, Schuldgefühlen und Furcht führen kann. Dem kannst du vorbeugen, indem du deinem Gegenüber erzählst, warum du beispielsweise heute doch nicht mit Essen gehst oder den Geburtstag früher verlässt. Das schafft Verständnis und erhöht bei deinem Gegenüber die Toleranz für dein Nicht-Erscheinen. Er wird dich das nächste Mal wahrscheinlich wieder fragen, ob du mitkommen möchtest und dich vielleicht auch einen Tag auswählen lassen, an dem es dir gut passt, weil er nun weiß, dass du bei zu vielen Aktivitäten an einem Tag schnell mit all den Reizen überfordert bist.

Das Wichtigste, das dir dabei hilft, deine Ängste zu überwinden, über Hochsensibilität zu sprechen und dich zu akzeptieren, wie du bist, ist die Selbstliebe. Selbstliebe bedeutet, sich so zu akzeptieren und zu lieben, wie man ist, mit all seinen Ecken und Kanten. Sie hilft uns dabei, ein glückliches und zufriedenes Leben zu führen. Denn nur wer im Einklang mit sich selbst ist, wird es schaffen, seine Unsicherheiten und Ängste zu überwinden. Du entscheidest, ob du dich weiterhin kritisierst oder anfängst, dich und deine Hochsensibilität zu akzeptieren und zu lieben.

Dieser Prozess kann langwierig und schwierig sein. Doch ich kann dir versprechen, dass sich das Durchhalten lohnt. Versuche, dir selbst mit Respekt oder Toleranz zu begegnen und dir deine Fehler zu verzeihen, denn meist sind wir selbst unsere größten Kritiker. Die folgenden 5 Übungen können dir dabei helfen, deine Selbstliebefähigkeit zu stärken.

1. Spiegelmeditation

Suche dir zu Hause einen großen Spiegel und setze dich davor. Betrachte dich im Spiegel und schaue dir dann für 5 - 10 Minuten intensiv in die Augen. Versuche, dich beim Abschweifen der Gedanken wieder zurück in die Gegenwart zu lenken und auf deine Gefühle zu achten. Was empfindest du, wenn du deinem Spiegelbild in die Augen schaust? Fühlst du dich dabei komisch oder verspürst du sogar einen Widerstand? Überkommt dich der Impuls wegzuschauen? Warum möchtest du dich von deinem Spiegelbild abwenden? Und stimmt dich dieser Impuls traurig? Nachdem die 10 Minuten um sind, betrachte dich mit ein wenig Abstand im Spiegel und nimm dein gesamtes Gesicht wahr. Lächle dein Spiegelbild an und sage „(Dein Name), ich liebe dich!“. Spüre die Emotionen, die dieser Satz bei dir auslöst. Wiederhole den Satz, bis du ihn verinnerlicht hast. Anfangs kann die Durchführung dieser Übung das Gefühl des Widerstands und Scham bei dir aufkommen lassen. Das ist in Ordnung! Es wird jedoch von Mal zu Mal weniger.

2. Selbstumarmung

Zeige dir, wie lieb du dich selbst hast, indem du dich umarmst. Dies schenkt dir Geborgenheit und Sicherheit. Positive Affirmationen wie „Bei mir selbst fühle ich mich geborgen und sicher“ können dir zusätzlich dabei helfen, deine Selbstliebefähigkeit zu steigern. Umarme dich für mehrere Minuten und löse die Umarmung erst, wenn du dich auch dazu bereit fühlst. Es kann sein, dass du an besonders schweren Tag, die Umarmung etwas länger brauchst als an anderen Tagen. Bevor du die Umarmung löst, sage zu dir selbst: „(Dein Name), alles wird gut!“. Sei dir also selbst deine beste Freundin, die dir an schlechten Tagen eine Umarmung schenkt. Versuche, die Wärme und die Zufriedenheit in deinem Körper zu spüren, die mit diesen Worten einhergehen.

3. Liebe deinen Körper

Sich selbst zu lieben, heißt auch seinen Körper so zu akzeptieren, wie er ist. Denn Körperunzufriedenheit führt langfristig zu einem geringeren Selbstbewusstsein. Versuche deswegen, negative Gedanken zu deinem Körperbild durch positive Gedanken zu ersetzen. Kein Mensch ist perfekt, jeder hat seine Makel. Doch es liegt an uns selbst, ob wir uns für diese schämen oder selbstsicher mit ihnen umgehen. Lerne deinen Körper von Kopf bis Fuß kennen und bestärke ihn mit positiven Affirmationen wie „Du bist mein sicherer Hafen“. Danke ihm für alles, was er in deinem Leben mit dir schon durchgemacht und ausgehalten hat. Überlege dir, ob sich dein Körper auch genügend erholen kann oder ob du ihm mehr Erholungsphasen gönnen solltest. Wie eine solche Erholung aussieht, entscheidest du selbst. Tu etwas, dass ihm guttut. Dabei kann es sich um ein ausgiebiges Bad, eine Massage oder beispielweise auch um einen ausgedehnten Spaziergang in der Natur handeln.

4. Sei stolz auf dich

Du kannst stolz auf die Dinge sein, die du in deinem Leben erreichst. Hast du etwas Großartiges geleistet, dann beglückwünsche und belohne dich selbst für diesen Erfolg. Versuche, das Gefühl des Stolzes in deinem Körper zu lokalisieren und schaue, wie es sich anfühlt? Bist du dankbar und glücklich über das, was du bisher geleistet hast? Möchtest du deinen Erfolg mit anderen teilen? Wie möchtest du dich dafür belohnen? Speichere diese Gefühle gut ab, denn sie können dir helfen, in schwierigen Situationen durchzuhalten und den Fokus nicht zu verlieren.

5. Plane regelmäßig Dates mit dir

Nimm dir regelmäßig eine Auszeit von deinem Alltag und überlege dir Aktivitäten, die dir Spaß und Freude bereiten. Suche dir einen festen Termin, an dem du eine dieser Aktivitäten durchführst. Du entscheidest dabei selbst, ob du dein Date mit dir alleine verbringen möchtest oder Freunde dazu einladen willst. Es kann sich dabei um Aktivitäten wie einen Kinobesuch, ein leckeres Essen oder auch einen Spaziergang handeln. Versuche, dir diesen Termin alle zwei Wochen freizuhalten und fest in den Kalender einzutragen und ihn für nichts abzusagen.

Hochsensibilität als Mutter im Kontext der Partnerschaft

Ein weiterer wichtiger Aspekt, der Hochsensible und auch alle anderen Menschen leicht aus der Bahn werfen kann, ist eine unharmonische Partnerschaft. Da sensible Menschen sehr harmoniebedürftig sind und schnell gestresst oder gereizt reagieren können, ist eine zufriedenstellende Beziehung für viele hochsensible Personen entlastend. Anforderungen im Alltag oder schwierige Phasen bringen einige Paare näher zusammen und andere weiter auseinander. Das Erfolgsrezept für eine glückliche Beziehung gibt es nicht, doch stellen gemeinsame Werte wie Respekt, Toleranz, Vertrauen und Verständnis eine gute Grundlage für eine langlebige Partnerschaft dar. Da es besonders hochsensiblen Menschen schwerfällt, eine Beziehung einzugehen, ist es wichtig, von beiden Seiten Verständnis und Toleranz zu zeigen. Hochsensible Menschen haben durch eine Partnerschaft beispielsweise eine zusätzliche Person, auf die sie sich besonders fokussieren und die, ohne es böse zu meinen, für den Organismus erst einmal eine Reizüberflutung darstellt. Das Verständnis sollte hier trotzdem von beiden Seiten ausgehen, weil auch der hochsensible Part der Beziehung etwas Verständnis dafür aufbringen sollte, dass sich die andere Person erst auf diese besondere Eigenschaft einstellt und nicht direkt zu Beginn alles absolut perfekt läuft. Denn beide Partner können gegenseitig viel voneinander lernen. So kann dein Partner von dir mehr Sensibilität und Achtsamkeit erfahren, währenddessen du versuchen kannst, dir ein Stück seiner Leichtigkeit und Gelassenheit abzuschneiden. Hochsensible und nicht-hochsensible Partner ergänzen sich meist sehr gut in einer Beziehung. Dennoch bieten die unterschiedlichen Bedürfnisse auch ein hohes Konfliktpotential. Während du dich oftmals nach Ruhe und Zeit alleine sehnst, möchte dein Partner seine Abenteuerlust und Spontanität ausleben. Um diesen Konfliktpotentialen den Wind aus den Segeln zu nehmen, solltet ihr eure Bedürfnisse klar und offen kommunizieren. Denn Kommunikation ist hier der Schlüssel zum Erfolg. Du und dein Partner seid in einem Team. Gegenseitige Rücksichtnahme, Verständnis und Toleranz sind Werte, die ihr beide vertreten solltet, damit die Beziehung funktioniert. Denn wenn dein Partner dich die ganze Zeit unter Druck setzt, indem er sich laufend darüber beschwert, dass er seine Spontanität nicht ausleben kann, du dich währenddessen aber nach mehr Ruhezeiten und Freiräumen sehnst, ist eine glückliche Beziehung nur durch gute Kommunikation möglich. Die Beziehung kann dann sehr innig und vertraut sein, wenn du dich von deinem Partner verstanden fühlst. Gerade in der Sexualität sind hochsensible Personen in der Lage, schöne Empfindungen zu erleben. Sie genießen Zärtlichkeiten, Zuneigung und Sexualität und sind keinesfalls gehemmt, diese auszudrücken. Im Gegenteil, Intimität und Zärtlichkeiten sind ihnen meist besonders wichtig. Dennoch kann es sein, dass sich bei dir, als hochsensible Person, Unterschiede im sexuellen Empfinden zeigen. Intensive Gerüche und Geräusche können dich vielleicht besonders schnell ablenken. Zudem kann eine starke sexuelle Überstimulation dazu führen, dass du den Sex mit deinem Partner sogar abbrechen musst. Hochsensible Personen erleben meist eine intensive und innige Verbindung zu ihrem Partner.

Folgende Fünf Tipps können dir dabei helfen, das Konfliktpotential zwischen dir und deinem Partner zu verringern:

1. Mach dir bewusst, dass dein Partner Dinge anders wahrnimmt als du, es sei denn die andere Person ist auch hochsensibel. So ergeben sich wieder andere Dynamiken, mit denen man lernen kann, umzugehen.
2. Versuche, deinem Partner deine Gefühle und Bedürfnisse mitzuteilen, bevor du ihm Vorwürfe machst.
3. Überlege dir, ob du dich einer überfordernden Situation wirklich aussetzen möchtest.
4. Versuche, deine Hochsensibilität nicht als Ausrede zu benutzen.
5. Sei auch kompromissbereit und überlege, welche Zugeständnisse du selbst machen könntest und wie du über deinen Schatten springen kannst.

Mein hochsensibles Kind

Schätzungsweise werden bis zu 25% der Kinder als hochsensibel geboren. Ähnlich wie bei Erwachsenen zeigt sich diese Hochsensibilität oder vermehrte Feinfühligkeit durch eine intensiviere Reizwahrnehmung. Bei Kleinkindern und Grundschulkindern führt eine solche Überreizung meistens zu Problemen in Kita und Schule. Ihr reizempfindliches Nervensystem reagiert schnell auf die Umwelt und ist aufgrund der vielen verschiedenen Eindrücke rasch überfordert. Deswegen ist eine wertschätzende und akzeptierende Haltung für hochsensible Kinder besonders wichtig, um sich geborgen, verstanden und sicher zu fühlen. Hochsensible Kinder gucken einen bereits im Kinderwagen sehr bewusst und aufmerksam an. Sie sind grundsätzlich direkt zu Beginn ihres Lebens viel präsenter als die meisten anderen Kinder. Auch ist das unbedingte Wahrheitsgefühl sehr charakteristisch. Hochsensible Kinder wehren sich regelrecht gegen Unwahres und wirken dadurch manchmal altklug, haben aber trotzdem tatsächlich Recht. Auch schon die kleinen Menschen unter uns können Vollblut-Perfektionisten sein. Es fällt ebenso schwer, hochsensible Kinder zu etwas zu zwingen. Wenn sie sich gezwungen fühlen, trifft man schnell auf Verweigerung sowie auf stark aktives oder passives Verhalten.

Hochsensible Mütter, hochsensible Kinder - Genetik & Sozialisation

Hochsensible Menschen nehmen ihre Umwelt und Reize anders und stärker wahr als die meisten Menschen. Die Bereitschaft auf Reize stärker zu reagieren, liegt dabei in unserem Erbgut verankert. Aufgrund einer genetischen Disposition kommt es dazu, dass man bestimmte äußere und auch innere Reize stärker wahrnimmt. Die Genetik spielt bei der Entstehung von Hochsensibilität eine große Rolle. Deswegen ist es auch nicht verwunderlich, dass auch die Kinder von hochsensiblen Müttern meist selbst besonders einfühlsam sind, da sie einen großen Anteil des genetischen Materials der Mutter aufweisen. Dennoch beeinflussen noch weitere Faktoren, die Ausprägung der Hochsensibilität bei Kindern. Die genetische Disposition ist nur einer der Faktoren, die eine solche Ausprägung begünstigen. Neben der Genetik spielt auch die Sozialisation, in der ein Kind aufwächst, eine wichtige Rolle. Die Interaktion innerhalb der Familie und auch das soziale Umfeld, wie Freunde und die Schule können hochsensibles, feinfühliges Verhalten begünstigen. Diese Aspekte müssen in einer bestimmten Weise ausgebildet sein, sodass eine Begünstigung für Hochsensibilität vorliegt. Allem voran stehen eine schon gegebene Einfühlsamkeit und ein ausreichendes Verständnis für das Kind und seine eigene Gefühlswelt. Es gibt aber leider auch negativere Faktoren, die die

Entwicklung einer Hochsensibilität oder Hochsensitivität vorantreiben. Eine bestimmte Lebensweise stellt für alle Kinder eine Grundbelastung dar, durch die sich Hochsensibilität ausbilden kann. Begünstigt wird die Ausbildung unter anderem durch eine große Mobilität in sehr jungem Alter. Große Reisen, viele Autofahrten oder sogar Flüge im kleinsten Säuglingsalter stellen eine Reizbelastung dar, die zu diesem Entwicklungszeitpunkt noch nicht gut bewältigt werden kann. Ein großes Problem der Neuzeit ist auch die Dauerpräsenz von TV, Radio, Smartphone, Fernseher und so weiter. Eine erhöhte Strahlungsbelastung durch den Trend hin zu schnurlosen elektronischen Geräten geht an jungen Kindern auch nicht spurlos vorbei. Zu große Gruppen in Schule oder im Kindergarten und schnell wechselnde Personenkreise und damit auch Bezugsgruppen, machen Kinder sehr sensibel für neue Eindrücke und das Einstellen auf neue Situationen wird überspitzt gesagt schon fast zum olympischen Sport. Zu den noch stärker sozialen Ursachen gehören erlebte Traumata oder familiäre Belastungen. Diese äußern sich beispielsweise durch familiäre Probleme wie Trennung oder Streit der Eltern, drogenabhängige Bezugspersonen oder Gewalt. Das Kind entwickelt aus purem Selbstschutz ganz unterbewusst eine „Antenne“ für die allgemeine Stimmung und Gefühlsregungen anderer.

Warum hochsensible Mütter höchstwahrscheinlich hochsensible Kinder haben

Meist erkennen sich viele Mütter in den Verhaltensweisen ihrer Kinder wieder. Kinder lernen von ihrer Umwelt und bekommen die genetischen Anlagen ihrer Eltern mit auf den Lebensweg. Deswegen ist es auch nicht verwunderlich, dass hochsensible Mütter auch hochsensible Kinder haben. Denn genetische Dispositionen sind dafür verantwortlich, dass sich die hohe Sensibilität gegenüber Reizen ausprägt. Bei Kleinkindern kann sich diese Überempfindsamkeit anhand folgender Merkmale zeigen:

1. Erhöhte Sensibilität der Sinne: Nimmt dein Kind besonders schnell Gerüche wahr? Meidet es laute Menschengruppen? Braucht es mehr Berührungen als andere Kinder? Oder isst es nur bestimmte Lebensmittel?
2. Klagt es über psychosomatische Beschwerden wie Bauchschmerzen, Kopfschmerzen oder Übelkeit?
3. Interessiert sich dein Kind ungewöhnlich früh für den Sinn des Lebens und stellt dir Fragen über den Tod, Gott und das Leben?
4. Hat dein Kind einen ungewöhnlich ausgereiften Wortschatz?
5. Ist dein Kind lieber mit älteren Kindern/Personen zusammen?

6. Weist dein Kind einen ausgeprägten Gerechtigkeitssinn auf und fühlt sich oft ungerecht behandelt?
7. Ist es beim Spielen sehr ideenreich und verliert sich in seinem Spiel?
8. Fällt es dir schwer, dein Kind nach einer Reizüberflutung zu beruhigen?
9. Sind Feste wie ein Kindergeburtstag für dein Kind überfordernd? Wie reagiert es auf solche Situationen? Zieht es sich zurück oder zeigt es aggressives Verhalten?
10. Wie nimmt dein Kind Veränderungen auf? Sind diese problematisch und konfliktbehaftet?
11. Reagiert es empfindlich gegenüber bestimmten Kleinigkeiten? Wie beispielsweise Nähten in Socken oder kratzende Kleidung?

Ähnlich wie bei Kindern im Kindergartenalter kann sich auch anhand verschiedener Anzeichen im Schulkindalter eine erhöhte Empfindsamkeit zeigen. Bei Schulkindern kann sich diese Überempfindsamkeit anhand folgender möglicher Merkmale zeigen, die aber nicht alle zusammen auftreten müssen:

1. Dein Kind ist besonders interessiert an Musik und Kunst.
2. Dein Kind ist sehr gewissenhaft und neigt zu Perfektionismus.
3. Dein Kind fühlt sich schnell überfordert, wenn es viele verschiedenc Fragen gestellt bekommt oder viele verschiedene Impulse auf es einwirken. Diese Überforderung zeigt sich dann in

Wutanfällen oder einem kompletten sozialen Rückzug.
4. Beim Spielen ist dein Kind besonders fantasievoll.
5. Dein Kind mag Tiere und du hast das Gefühl, auch Tiere mögen dein Kind.
6. Ruhepausen sind deinem Kind wichtig. Es braucht diese, um wieder Kraft zu schöpfen.
7. Wenn dein Kind überreizt ist, reagiert es launisch, aggressiv oder ungehalten. Dies kann sich durch lautes Schreien und Weinen ausdrücken.
8. Du wunderst dich oft über die Fragen, die dir dein Kind stellt und über seine detailreiche Wahrnehmung.
9. Dein Kind möchte die Welt genau verstehen und liebt es, Maschinen oder seine Umwelt zu beobachten.
10. Dein Kind ist oft in eine Tätigkeit versunken und vergisst die Welt um sich herum. In der Schule fällt es deswegen oft durch seine „Träumereien“ auf.

Da hochsensiblen Kindern eine besondere Lernumgebung helfen kann, um sich besser zu konzentrieren, ist es wichtig, bei Verdacht auf Hochsensibilität als Eltern Kontakt mit der Lehrkraft aufzunehmen. Ähnlich wie hochbegabte Kinder können auch hochsensible Kinder ihr Potential nur dann vollkommen entfalten, wenn auf ihre Bedürfnisse eingegangen wird. Oft kommt es vor, dass die Überempfindsamkeit eines Kindes nicht erkannt wird und es immer wieder Reizüberflutungen ausgesetzt ist und an seine Grenzen stößt. Dies kann dann zu seelischen und psychischen Problemen führen. Solltest du dir nicht sicher sein, ob dein Kind hochsensibel ist, ist es ratsam, dass du dir Unterstützung von einem Kinder- und Jugendpsychotherapeuten oder grundsätzlich Beratung bei ausgebildeten Fachkräften im Bereich der Hochsensibilität holst. Denn obwohl, die Hochsensibilität keine psychische Diagnose oder Erkrankung darstellt, kann eine diagnostische Abklärung hilfreich sein, um dein Kind zu stärken und seine Grenzen zu respektieren.

„Typen“ von hochsensiblen Kindern

Wie Erwachsene reagieren nicht alle Kinder gleich stark auf Geräusche, Gerüche und Empfindungen. Jedes hochsensible Kind ist in seiner Wahrnehmung individuell verschieden. Dennoch lassen sich hochsensible Kinder grob in zwei verschiedene Typen unterteilen. Die extrovertierten und die introvertierten Hochsensiblen.

Die Extrovertierten

Hochsensible Kinder mit extrovertierten Charaktermerkmalen sind meist laut, aktiv und nicht zu übersehen. Sie stehen gerne im Mittelpunkt und erzählen gerne viel. Auch können sie starke Stimmungsschwankungen haben, die mit Aggressivität und Impulsivität einhergehen können. Diese Stimmungswechsel zwischen Entspannung und Wutausbrüchen kommen oftmals unvorhergesehen und führen dazu, dass diese Kinder meist mit der Diagnose „ADHS“ abgestempelt werden. Dies geschieht vor allem bei Menschen, die das Krankheitsbild ADHS nicht wirklich gut kennen. Hier also aufgepasst und mindestens eine zweite Meinung einholen. Diese Stimmungsschwankungen und extrovertierten Charakterzüge sind jedoch die Art und Weise wie sie Reize verarbeiten. Durch das Heraussprudeln von Emotionen und die körperlichen Tätigkeiten verarbeiten sie aktiv Gefühle und Erlebnisse. Auch spielen sie in der Schule gerne den „Klassenclown“. Sie verbergen ihr inneres Erleben, indem sie übertreiben und ihre wahren Gefühle überspielen. Gerade feinfühlige Kinder haben wahrscheinlich schon oft die Erfahrung gemacht, verletzt geworden zu sein. Aus Angst, ihre wahren Gefühle zu zeigen, werden diese mit Albernheit überspielt. Dies führt aber meist zum gegenteiligen Effekt. Denn diese Albernheit bietet ebenfalls eine Angriffsfläche und kann Hänseleien durch andere Kinder mit sich bringen.

Die Introvertierten

Im Gegensatz zu den extrovertierten hochsensiblen Kindern stehen die introvertierten hochsensiblen Kinder nicht so gerne im Mittelpunkt und machen viel mit sich selbst aus. Sie wirken in sich gekehrt und verschlossen. Introvertierte hochsensible Kinder neigen dazu, alle Gefühle in sich „hineinzufressen". Sie brauchen meist wenig Anleitung und Aktivitäten von außen und fallen in der Schule durch ihre ruhige Art meist nicht groß auf. Aufmerksame Lehrkräfte versuchen, jedoch meist vergebens, sie zu mehr Aktivität und Beteiligung im Unterricht zu motivieren. Ein introvertiertes hochsensibles Kind legt meist großen Wert auf Regeln und Strukturen. Es reagiert sehr stark, wenn jemand ihm diese Regeln nimmt und fällt oft dadurch auf, dass es penibel auf die Einhaltung aller Regeln und Abmachungen achtet. In der Schule kann dies dazu führen, dass hochsensible Kinder von anderen Mitschülern gemobbt werden. Unsicherheit und Ängstlichkeit sind dann meist die Folgen. Oft können sie das Verhalten der anderen Mitschüler nicht verstehen, da sie doch lediglich dafür sorgen wollen, dass kein Chaos ausbricht. Anders als die extrovertierten hochsensiblen Kinder machen introvertierte hochsensible Kinder ihre Sorgen und Ängste mit sich selbst aus. Sie reagieren auf Reizüberflutungen auch nicht mit Gefühlsausbrüchen, sondern neigen zu passiven Ausbrüchen in Form von Hautirritationen oder Bauchschmerzen.

Hochsensibilität bei Babys, Kleinkindern & Jugendlichen

Bereits im Säuglingsalter können hochsensible Babys auf Reizüberflutung reagieren. Besonders Babys und Kleinkindern fehlt es an Strategien und Erfahrung, mit einer großen und überfordernden Anzahl an Reizen umzugehen. Hochsensibilität bei so jungen Kindern kann sich durch übermäßiges Schreien, der ständigen Suche nach Nähe oder auch dem starken Interesse an der Umwelt äußern. Besonders das übermäßige Schreien stellt für viele Eltern eine Belastungsprobe dar. Dennoch ist dies die einzige Möglichkeit für dein Kind, sich in diesem Alter auszudrücken. Auch fällt es vielen Eltern schwer, das Schreien in Verbindung mit dem auslösenden Ereignis zu bringen, da dieses meist zeitversetzt erfolgt. So schreit ein hochsensibles Baby erst am Abend nach einem Ausflug, wenn es zur Ruhe kommen soll, aber es nicht schlafen kann, da es zu viele Reize und Eindrücke verarbeiten muss. Eine reizarme Umgebung sowie viel körperliche Nähe können deinem Kind dann guttun. Eine klare Diagnose im Babyalter ist jedoch nicht wirklich eindeutig möglich. Sicherlich gibt es bestimmte Anzeichen, jedoch sollte man das Baby nicht schon sofort auf eine bestimmte Diagnose festnageln oder etwas reininterpretieren, was sich womöglich gar nicht weiter ausprägt. Im Schulkindalter zeigt sich die Hochsensibilität eines Kindes dann in einem fantasievollen Spiel, einem ausgeprägten Gerechtigkeitssinn oder darin, dass es nur schwer zur Ruhe kommt. Die Unterscheidung zwischen introvertierten und extrovertierten hochsensiblen Kindern ist hier von Bedeutung, um zu verstehen, wieso dein Kind diese Verhaltensweisen zeigt. Auch sind Auszeiten und Ruhephasen unerlässlich, damit dein Kind „runterfahren" kann. Mit zunehmendem Alter fordern Kinder immer mehr Autonomie ein und wollen selbstständiger werden. Doch schon im Alter von zwei bis vier Jahren zeigen Kinder in Form von Trotzreaktionen autonomieorientiertes Verhalten. Muss es die Schokolade von der Supermarktkasse im Regal liegen lassen oder einem anderen Kind das Spielzug zurückgeben, ist das Geschrei oft groß. Obwohl solche Situationen Eltern oft an ihre Grenzen bringen, sind sie ein wichtiger Schritt in der Entwicklung eines jeden Kindes. Dein Kind beginnt in dieser Phase, Regeln und Grenzen zu hinterfragen und sogar zu verweigern. Dein Kind lernt, dass es ein eigenständiges Individuum mit einem eigenen Willen ist. Hinter Wutanfällen steckt, genau wie bei Reizüberflutung, meist der Ausdruck von Verzweiflung und Hilflosigkeit. Die Fähigkeit, seine Gefühle zu regulieren und die Wut anders auszuleben als durch Schreien und Weinen, lernt es erst später, wenn es geeignete Strategien dafür kennt. Versuche, dich in schwierigen Situationen in dein Kind hineinzuversetzen und zu verstehen, was zu dieser Trotzreaktion geführt hat. Trotzreaktionen treten bei absolut jedem Kind auf. Hier kommt es darauf an, weswegen der Trotz sich entwickelt. Eine Trotzreaktion, weil das Kind sich bei einem Thema absolut im Recht fühlt, könnte hier eher auf Hochsensibilität hindeuten als der Trotz, weil man etwas nicht bekommt.

Neben dem Kleinkindalter ist auch die Pubertät ein Lebensabschnitt, der durch Konflikte rund um das Thema Autonomie und Grenzsetzung geprägt ist. Gerade in der Pubertät können sich viele Probleme verstärken oder neue Probleme auftreten. Dein Kind versucht, sich als eigenständiges Individuum zu identifizieren und setzt sich mit seinen Stärken und Schwächen auseinander. Jugendliche besitzen meist noch eine sehr kindliche Seite, wollen gleichzeitig aber auch ihre erwachsene Seite ausleben. Es ist wichtig, dass du versuchst, diese beiden Seiten in deinem Kind zu sehen. Die erwachsene Seite braucht Respekt und die kindliche Seite verlangt Zuwendung und Rat. Es erfordert viel Feingefühl von dir, zu wissen, wo dein Kind gerade steht und mit welcher Seite du gerade konfrontiert bist. Die Erziehung deines Kindes sollte in der Pubertät eigentlich bereits abgeschlossen sein, denn „gute Ratschläge“ erreichen Jugendliche meist selten. Den typischen Entwicklungskrisen der Abgrenzung und Autonomie solltest du mit Vertrauen begegnen. Eine Beziehung, die auf gegenseitiger Toleranz und eingehaltenen Abmachungen aufbaut, ist meist der Schlüssel zum Erfolg. Ist dein Teenager eher ein introvertierter hochsensibler Jugendlicher und meidet Partys, große Menschenmengen und jegliche Gruppenaktivitäten, wirst du wahrscheinlich nur auf taube Ohren stoßen, wenn du ihm vorschlägst, „mal unter Leute zu gehen.“ Wichtig ist, dass du dein Kind nicht unter Druck setzt und ihm nicht das Gefühl gibst, „nicht normal“ zu sein. Ein sicherer Rückzugsort wie ein eigenes Zimmer kann dabei helfen, sich schwierigen Situationen zu stellen, da dein Kind so jederzeit die Möglichkeit hat, in einen geschützten Raum zu fliehen, an dem er jederzeit allein verweilen, sich abgrenzen und zur Ruhe kommen kann. Auch vereinbarte Familienregeln können dabei helfen, deinem Kind mehr Ruhe und Privatsphäre zu geben. Dieses vollkommen normale Abnabelungsverhalten unterstützt durch die entsprechende Erziehung aber auch deine Hochsensibilität. Durch klare Strukturen, Regeln und Grenzen können sich beide Personen auch klarer zurückziehen, um die Akkus wieder aufzuladen. Diese Technik kommt besonders hochsensiblen Müttern entgegen, die zwischendurch eine Pause für Sinne und Verstand benötigen.

Besonderheiten, Bedürfnisse & Fähigkeiten

Hochsensible Kinder sind anders: Was sie brauchen & können

Hochsensible Kinder haben besondere Fähigkeiten und Bedürfnisse, die sich von denen der nicht-hochsensiblen Kinder unterscheiden. Sie können beispielsweise sehr viel Fantasie, ein ausgeprägtes Maß an Kreativität, ein großes Einfühlungsvermögen und eine gute Reflexionsfähigkeit besitzen. Durch die ständige Überreizung ziehen sich jedoch viele hochsensible Kinder zurück und beschäftigen sich lieber alleine. Viele der Fähigkeiten werden deswegen von der Umwelt oft nicht wahrgenommen. Viel mehr fallen sie vor allem in der Schule durch Vergesslichkeit, Unpünktlichkeit und ihre „Tagträumereien" auf. Oft meiden hochsensible Kinder Gruppenaktivitäten aufgrund der hohen Lautstärke und der vielen Gefühle der einzelnen Gruppenmitglieder, die oft zu Spannungen innerhalb der Gruppe führen können. Spannungen und Disharmonie sind etwas, womit hochsensible Kinder nur schwer umgehen können. Es fällt ihnen schwer, sich von anderen und deren Emotionen abzugrenzen und sie neigen in dem Zusammenhang dazu, stark körperlich, z.B. mit Kopf- und Bauchschmerzen, auf die Befindlichkeiten anderer zu reagieren. Zudem kann es häufiger vorkommen, dass es einfach mitweint, weil in der näheren Umgebung ein anderer Mensch weint, obwohl es gar nicht direkt betroffen ist und keinen Grund hätte, emotional so involviert zu sein. Auch für Kritik und Ungerechtigkeit sind sie besonders empfänglich. Sie leiden bei grenzüberschreitendem Verhalten mit der betroffenen Person mit und weisen eine niedrige Frustrationstoleranz auf. Es ist deswegen besonders wichtig, hochsensiblen Kindern einen Rückzugsraum zu geben, der ihnen bei Reizüberflutung hilft, sich zu entspannen. Eltern sollten versuchen, ihr Kind so zu akzeptieren, wie es ist und ihm die nötigen Freiräume, die es für sein kreatives Spiel benötigt, zu geben. Die Bedürfnisse nach Ruhe und dem Alleinsein sollten respektiert und die Fähigkeiten gestärkt werden. Auf keinen Fall sollte einem hochsensiblen Kind das Gefühl vermittelt werden, dass es eine Belastung sei. Auch ein sozialer Anpassungsdruck auf das Kind sollte vermieden werden. In Schule oder Kita ist das nicht immer so einfach. Denn dies führt dazu, dass das Kind ein geringes Selbstvertrauen und Selbstbewusstsein entwickelt. Im schlimmsten Fall kann so ein Verhalten die Entwicklung einer psychischen Störung wie z.B. einer Depression begünstigen.

Hier kann man sich aber gut mit Lehrpersonen und Betreuungspersonen abstimmen und gemeinsam Strategien entwickeln, um das Kind zu unterstützen.

Wenn das Kind bereits von Hause aus vermittelt bekommt, dass es genauso gut ist wie es ist und man das Selbstwertgefühl allein schon mit Gesprächen versucht, bewusst zu stärken, ist das viel wert.

Was alle wollen: Ein wertschätzender & liebevoller Umgang

Der Alltag mit Kindern steckt voller Überraschungen und verläuft oft anders als geplant. Doch nicht nur positive Überraschungen können den Tag prägen. Launiges und aufsässig-trotziges Verhalten bestimmen an manchen Tagen das Verhalten und die Gefühlswelt deines Kindes. Dann ist es für viele Eltern eine Herausforderung, ruhig zu bleiben und die Kontrolle sowie die Beherrschung nicht zu verlieren. Dennoch solltest du auch in schwierigen Momenten darauf vertrauen, dass die Situation vorübergeht und gewaltfrei mit deinem Kind kommunizieren. Besonders hochsensible Kinder sind sehr feinfühlig und nehmen sich Streit und Anschuldigungen oft stärker zu Herzen als Nicht-HSPler. Da Kinder und Jugendliche sich in unterschiedlichen Entwicklungsstufen befinden, ist ihre Kommunikation dementsprechend verschieden ausgeprägt.

Kinder im Grundschulalter sind sich nicht immer sicher, welche Gefühle sie gerade spüren. Besonders hochsensible Kinder erleben den Tag über so viele Einflüsse, dass es ihnen schwerfällt, diese klar von ihren eigenen abzugrenzen und sich darüber bewusst zu sein, was noch die eigene und was nur die äußere Gefühlslage von anderen in der Umgebung ist. Erst im Jugendalter ist dein Kind in der Lage, Gefühle zu verarbeiten, zu verorten und zu reflektieren. Deswegen ist es wichtig, dass du deine Kommunikation dem Entwicklungsstand deines Kindes anpasst. Die folgenden vier Säulen nach Rosenberg können dir, durch empathisches Aufnehmen der Gefühle deines Kindes, dabei helfen, gewaltfrei zu kommunizieren:

1. Beobachtung

Die Beobachtung ist unabhängig von Bewertungen und Urteilen. Denn durch eine vorschnelle Interpretation der Situation kann sich dein Kind schnell missverstanden und angriffen fühlen. Versuche, lediglich zu beschreiben, was du gehört oder gesehen hast. Eine Beobachtung wäre zum Beispiel: „Du bist gestern eine Stunde zu spät nach Hause gekommen." Wohingegen eine Beurteilung lauten könnte: „Immer kommst du nachts zu spät nach Hause, nie bist du pünktlich".

2. Gefühle

Achte darauf, welche Gefühle du bei deinen Beobachtungen spürst. Rosenberg vertritt die Ansicht, dass unsere Gefühle immer mit erfüllten oder nicht erfüllten Bedürfnissen im Zusammenhang stehen. Die beobachtete Situation kann dich auf deine eigenen unerfüllten Bedürfnisse hinweisen und diese bestimmten Gefühle in dir auslösen. Eine andere Person kann jedoch niemals der Grund für deine Gefühle sein, sondern lediglich, das Bedürfnis, dass sich hinter der Beobachtung verbirgt. Versuche deswegen, deine Gefühle deutlich auszudrücken sowie deren Ursache zu identifizieren.

3. Bedürfnis

Du kommunizierst deinem Kind gegenüber, welche Gefühle deine Beobachtungen in dir ausgelöst haben und was du brauchst, um dein Bedürfnis zu erfüllen. Versuche dabei nicht die eigene Verantwortung auf andere Personen abzuwälzen, indem du bei ihnen Schuldgefühle erzeugst, sondern formuliere verständlich, was du dir wünschst und warum dich diese Situation wütend, traurig oder ängstlich macht.

4. Bitte

Im letzten Schritt äußerst du eine Bitte an dein Kind. Diese sollte positiv formuliert werden und eine ganz konkrete Handlungsanweisungen darstellen, die dein Kind auch umsetzen kann. Anstatt zu sagen: „Ich will nicht, dass du überall dein Spielzeug rumliegen lässt", könntest du positiv und konkret formulieren: „Ich bitte dich, jeden Abend, bevor du ins Bett gehst, deine Spielsachen aufzuräumen, damit ich mich nicht am nächsten Morgen über deine rumliegenden Sachen ärgere."

Diese vier Säulen der gewaltfreien Kommunikation tragen zu einer friedlichen Konfliktlösung im Familienalltag bei. Doch wie so oft lassen sich theoretische Kenntnisse meist erst mit einiger Übung in die Praxis übertragen. Nicht immer ist es bei einem dynamischen Konflikt möglich, einen kühlen Kopf zu bewahren und die vier Säulen der gewaltfreien Kommunikation abzurufen. Nichtsdestotrotz kannst du deinem Kind dabei helfen, selbst gewaltfrei zu kommunizieren und präventiv Gefühlsausbrüchen und Reizüberflutungen vorbeugen. Folgende vier Tipps können dir dabei helfen:

1. Zeitdruck vermeiden

Bis zur Pubertät sind Kinder nicht in der Lage, komplexe Wochen- und Monatsplanungen einzuhalten. Verschaffe deinem Kind deswegen Freiräume, in denen es in seinem eigenen Tempo leben kann. Nicht immer ist es möglich, deinem Kind diese Freiräume zu geben. Es ist ganz normal, dass man als Elternteil auch mal ein wenig drängeln muss, damit es vorwärts geht. Besonders hochsensible Kinder leben in ihrem eigenen Tempo und lassen sich durch deine Hektik und deinen Stress schnell beeinflussen.

2. Gefühlsidentifizierung trainieren

Hochsensible Kinder sind sehr einfühlsam und nehmen dementsprechend viele verschiedene Gefühle wahr. Damit sie mit diesen ganzen unterschiedlichen Emotionen nicht überfordert sind, ist es ratsam, das Identifizieren von Gefühlen zu trainieren. Sprich bewusst die Gefühle deines Kindes an und benenne diese. Beispielsweise kannst du fragen: „Heute wirkst du auf mich besonders fröhlich. Habe ich damit recht?“ oder „Du wirkst heute etwas niedergeschlagen. Geht es dir gut?“ Mit dem Stellen solcher Fragen kannst du sprachlich das Gefühlsvokabular deines Kindes erweitern und dafür sorgen, dass es seine Emotionen zuordnen kann. Ältere Kinder können auch beim Ansehen von Filmen und Serien Gefühle kennen- und identifizieren lernen.

3. Körperliche Bewegung hilft

Bewegung hilft Kindern Stress, Angst und Wut abzubauen. Besonders hochsensible Kinder benötigen oft eine Auszeit vom Alltag in der Natur. Hier können sie sich auspowern oder in Ruhe nachdenken. Einem Jugendlichen könntest du vorschlagen, gemeinsam oder alleine eine Runde joggen zu gehen oder Fahrrad zu fahren. Denn egal in welchem Alter sich dein Kind befindet, Bewegung an der frischen Luft hilft immer. Du wirst sehen, bereits nach kurzer Zeit in der Natur, ist dein Kind wieder zugänglicher und ausgeglichener.

4. Gemeinsame Erlebnisse verbinden

Versuche, gemeinsam mit deinem Kind viele schöne Erlebnisse zu sammeln. Denn ein Kind, das viele schöne positive Aktivitäten erlebt hat, wird sich leichter in Gruppen und Gemeinschaften zurechtfinden. Da hochsensible Kinder jedoch meist viel Ablehnung durch andere Kinder erfahren, ist es besonders wichtig, dass sie außerhalb der Schule positive Erfahrungen sammeln. Es muss sich dabei nicht immer um ein teures Erlebnis handeln. Auch eine Radtour oder ein Tag auf dem Spielplatz um die Ecke kann für dein Kind zum schönen Erlebnis werden.

Trotz eines gewaltfreien und liebevollen Umgangs brauchen Kinder Grenzen und Strukturen in ihrem Alltag. Besonders beim Thema Grenzen setzen, stehen viele Eltern vor großen Herausforderungen. Das Vorgeben von Regeln und eine gewaltfreie Kommunikation schließen sich nicht aus. Viel mehr können Kinder durch Gespräche lernen, Konflikte friedlich zu lösen und auch eigene Grenzen zu kommunizieren. Regeln, Grenzen und Routinen geben Kindern im Alltag halt. Es ist wichtig, diese vernünftig und konsequent zu kommunizieren. Wie du das schaffst, erfährst du im Folgenden.

1. Deutliche und nachvollziehbare Formulierung von Regeln

Damit deine Kinder die aufgestellten Grenzen auch akzeptieren, sollten diese eindeutig und nachvollziehbar kommuniziert werden. Auch ist es wichtig, dass du die Regeln gemeinsam mit deinen Kindern aufstellst. Denn wenn du deine Kinder aktiv an diesem Prozess beteiligst, ist die Wahrscheinlichkeit höher, dass sie diese einhalten. Auch Eltern müssen sich zwingend an diese Regeln halten.

2. Überschaubare Grenzen

Kinder können Grenzen nur einhalten, wenn es ihnen überhaupt möglich ist, diese einzuhalten. Du solltest also sicher sein, dass dein Kind auch versteht, was eine Regel bedeutet und es in seinen Freiheiten nicht zu sehr einschränkt. Auch sollte das Einhalten der Grenzen überprüfbar sein, sodass dein Kind erkennt und lernt, wann es eine Grenze überschritten hat.

3. Zeitnahe Missbilligung

Von Zeit zu Zeit wird es vorkommen, dass dein Kind sich nicht an die aufgestellten Regeln und Grenzen innerhalb der Familie hält. Wichtig ist dann eine zeitnahe Missbilligung, damit dein Kind die Konsequenzen auch mit dem Überschreiten der Grenze in Verbindung bringt. Meist reichen schon die Schuldgefühle, die bei Kindern aufkommen, wenn sie eine Abmachung nicht einhalten. Sollte dein Kind die Grenze mehrmals überschreiten, kannst du ihm alternative Handlungsschritte zeigen, die es ausführen kann, ohne die Grenze zu überschreiten.

4. Lob, Anerkennung und Verständnis

Kinder brauchen viel Lob und Anerkennung, um sich dauerhaft an Regeln zu halten. Du solltest dein Kind deswegen loben oder sogar belohnen, wenn es sich an Abmachungen hält und Aufgaben erledigt. Achte aber darauf, dass deine Kinder die Belohnung nicht ständig von dir einfordern. Sollte es passieren, dass sich dein Kind einmal nicht an die Regeln hält, versuche, ihm mit Verständnis zu begegnen und herauszufinden, was der Grund dieser Handlung ist. Die beiden letzten Punkte sind zwar etwas allgemeingültiger, gehören aber zwingend mit in die Aufzählung, weil ein grundlegend gut funktionierendes Regelsystem umso wichtiger für Hochsensible ist. Die Struktur eines guten Regelsystems ist zwar sehr allgemein, hier aber genauso wichtig.

Den Alltag meistern mit hochsensiblen Kindern

Ist doch ganz normal, oder? Kleine & große Herausforderungen im Alltag

Der Alltag mit einem hochsensiblen Kind kann besonders herausfordernd für die gesamte Familie sein, da viel Rücksicht auf die Bedürfnisse des Kindes genommen werden muss. Genauso sieht es auch mit einem oder zwei hochsensiblen Elternteilen aus. Grundsätzlich sollte man die Hochsensibilität so gut es geht mit in die alltägliche Planung einbauen - das kann alltägliche Situationen auf diese Weise einfacher machen. Eltern von hochsensiblen Kindern werden mit vielen Herausforderungen im Alltag konfrontiert, wie z.B. dem Fußballtraining. Max ist acht Jahre alt und spielt gerne Fußball. Seine Mannschaft trainiert heute Nachmittag in der Halle. Max ist beim Training immer stark konzentriert und motiviert. Sobald angepfiffen wird, rennt er los und behält den Ball dabei immer im Blick. Er sprintet jedem Ball hinterher und jubelt mit den anderen Kindern, wenn sie ein Tor schießen. Doch eine Viertelstunde nach der Halbzeitpause bemerkt der Trainer, dass Max reglos am Rand steht und mit weit aufgerissenen Augen seine Mitspieler anstarrt. Diese raufen sich nur wenige Meter von Max entfernt lautstark um den Ball. Der Trainer, der Max' Abwesenheit bemerkt, bringt ihn in die Umkleidekabine, in der es deutlich ruhiger ist. Langsam löst Max sich wieder aus seiner Starre und strahlt den Trainer an. „Fußball ist so cool!“ sagt er und geht zurück in die Halle.

Dieses Beispiel zeigt, dass hochsensible Kinder bei Reizüberflutung einen Rückzugsort brauchen, sich jedoch nicht für ihr Verhalten schämen, wenn ihnen nicht vorgegeben wird, dass dieses seltsam oder unangebracht ist. Trotz der vielen Eindrücke und der kurzzeitigen Überforderung liebt Max das Fußballspielen. Durch das aufmerksame und besonnene Verhalten des Trainers konnte eine Überreaktion wie ein Wutanfall verhindert werden. Jedes Kind zeigt bei drohender Reizüberflutung individuelle Anzeichen, denen man Aufmerksamkeit schenken sollte, um ihm zu helfen.

Auch Marie ist hochsensibel. Sie besucht die vierte Klasse einer Grundschule. Marie fühlt sich in ihrer Klasse wohl, doch manchmal klagt sie, dass die Kinder zu laut sind. Besonders in der Mittagspause, im Speisesaal, komme sie mit der hohen Lautstärke nur schwer zurecht. Sie habe dann keinen Hunger mehr und verlasse den Raum meist fluchtartig. Von den Lehrern haben die Eltern schon öfter die Rückmeldung bekommen, dass Marie nach der Mittagspause unausgeglichen und ruhig sei. Sie beteilige sich kaum am Unterricht und träume die ganze Zeit. Auch direkt nach der Schule sei es zu Hause unmöglich, Hausaufgaben zu machen. Die Eltern müssen

Marie erst eine Weile in ihrem Zimmer spielen lassen, bis sie mit den Hausaufgaben starten können. In Absprache mit den Lehrern darf Marie nun später essen gehen und auch 10 Minuten später zum Unterricht kommen, wenn ihr die Zeit nicht ausreicht. Obwohl die Eltern sich Sorgen machen, dass diese Sonderstellung zu Hänseleien von Mitschülern führen könnte, seien diese bisher noch nicht vorgekommen. Die Klassenlehrerin habe den Mitschülern Maries Situation erklärt und habe dadurch Verständnis bei den Mitschülern geschaffen. Diese Situation ist die Idealvorstellung, findet so in der echten Welt aber eher selten statt. Eine kontinuierliche Zusammenarbeit mit Lehrkräften ist wichtig, um die Situation der Schülerin im Blick zu behalten und es ihr so einfach wie möglich zu machen. Dass dann alles reibungslos abläuft, kann man jedoch leider nicht garantieren.

Anhand des Beispiels wird deutlich, dass hochsensiblen Kindern auch in der Schule Ruhepausen benötigen. Sie sind sonst oft nicht in der Lage, dem Unterricht zu folgen und fangen an zu träumen. Für Eltern und Lehrer stellen solche Situationen meist eine große Herausforderung dar, da sich nicht-hochsensible Kinder nicht benachteiligt fühlen sollen. Es ist wichtig, dass die Lehrkraft mit der gesamten Klasse Maßnahmen und/oder Regeln bespricht, um Verständnis für die Hochsensibilität des Kindes aufzubauen.

Konflikte & Grenzen

Hochsensiblen Kindern Grenzen zu setzen, ist oft konfliktbehaftet, da sie sich schnell verletzt und abgelehnt fühlen. Eltern sollten deswegen versuchen, ihre eigenen Grenzen offenzulegen, damit hochsensible Kinder sich an diesen orientieren können und das Gefühl haben, dass nicht nur sie sich an Regeln halten müssen. Eine typische Konfliktsituation im Umgang mit hochsensiblen Kindern ist meist die soziale Isolation, die aus der Reizüberflutung resultiert. Dein Kind ist an solch stressigen Tagen lieber für sich alleine, möchte nicht auf den Kindergeburtstag gehen oder das Fußballtraining schwänzen. Es hat keine Lust auf große Gruppen und würde lieber den ganzen Tag allein in seinem Zimmer spielen. Solche Situationen sind für Eltern oft schwer händelbar, da sie befürchten, ihr Kind verpasse den sozialen Anschluss oder entwickle sich zum Einsiedler. Doch meist weiß ein Kind intuitiv, was für es am besten ist und wo diesbezüglich seine Grenzen liegen. Versuche deswegen, es nicht zu überfordern und sichere ihm Ruhezeiten zu. Vielleicht könnt ihr auch einen Kompromiss finden, wie zum Beispiel, dass du es von der Geburtstagsparty sofort abholst, wenn es nach Hause will und es dich jederzeit anrufen kann. Im Gegensatz zu diesem Rückzugsverhalten kann ein hochsensibles Kind auch aggressives und reizbares Verhalten zeigen. Dies führt ebenfalls in vielen Familien zu Konflikten. Auch in diesem Zusammenhang spielen Grenzsetzung und Kompromissfindung eine wichtige Rolle. Es braucht ein wenig Zeit, bis du herausfindest, was dein Kind bei solch einem Wutanfall braucht und wie du es wieder beruhigen kannst. Zeige ihm, dass sein aggressives Verhalten Grenzen hat und dass es sich an die aufgestellten Familienregeln halten muss. Beleidigungen und Gewalt sollten in keiner Familie toleriert werden. Um seinem Kind bei einem beginnenden Wutanfall zu helfen, könnte man damit beginnen, ihm zu versichern, dass es okay ist, auch mal wütend zu werden, dass dieses Gefühl zwar seinen Raum braucht und durchaus seine Daseinsberechtigung hat, dass Beleidigungen oder sogar Gewalt aber keineswegs dazu gehören. Selbst ruhig zu bleiben und sich von der Wut seines Kindes nicht mitreißen zu lassen, ist ebenso effektiv, um den Wutanfall zu bewältigen. Wenn dem Kind deutlich wird, dass der Wutausbruch nicht den gewünschten Effekt hat, wird es diese extreme Emotionalität mit ein bisschen Zeit für den Lernprozess zumindest herunterfahren. Da hochsensible Kinder sich in ihr Gegenüber gut hineinversetzen können, schämen sie sich schnell für Fehlverhalten und entschuldigen sich oft reumütig. Rituale können deinem hochsensiblen Kind ebenfalls Struktur und Orientierung geben, um einer Reizüberflutung vorzubeugen. Denn zeitliche Abfolgen, die sich durch den Alltag ziehen, geben Halt und schaffen Routine. Während nicht-hochsensible Kinder meist gegen solche Strukturen rebellieren, nehmen hochsensible Kinder diese gerne an. Hilfreiche Rituale können z.B. sein:

1. Das gemeinsame Frühstück am Morgen oder das gemeinsame Abendessen.
2. Wenn du dein Kind aus der Schule oder aus dem Kindergarten abholst, gehe mit ihm immer den gleichen Weg.
3. Nach einer Nachmittagsaktivität wie z.B. dem Fußballtraining oder dem Schwimmtraining, hört dein Kind mit dir zu Hause ein Hörspiel, damit es zur Ruhe kommt.
4. Jeden Abend darf es sich ein Buch aussuchen, das ihr gemein lest.
5. Beim Zähneputzen darf es sich ein Lied aussuchen, das drei Minuten dauert.
6. Jeden Freitag einen Besuch auf dem Spielplatz machen.

Schaue einfach, welche Routinen deinem Kind Freude bereiten und welche sich in euren Familienalltag integrieren lassen. So eine Routine ist zwar für alle Kinder wichtig, hat aber für hochsensible Kinder und Eltern einen besonderen Wert.

Besondere Fähigkeiten erkennen & fördern

Hochsensible Kinder haben viele Stärken und Fähigkeiten. Sie sind ihren Altersgenossen manchmal in bestimmten Punkten einen Schritt voraus, das ist aber sehr individuell. So entwickeln sie beispielsweise schon früh einen ausgeprägten Sinn für Humor. Sie sind häufig musisch und kreativ begabt. Kindertheater, Ballettvorstellungen oder auch Kinderkonzerte bereiten ihnen große Freude. Sie haben oft innovative Ansichten und denken in Bildern. Zudem können hochsensible Kinder äußerst tiefgründig denken, nehmen zwischenmenschliche Stimmungen sehr feinfühlig wahr und sind ungemein wissbegierig. Diese besonderen Fähigkeiten sollten von Eltern, Erziehern und Lehrkräften gefördert und gestärkt werden. Damit sich hochsensible Kinder nicht überfordert fühlen, sollten sie nicht dazu gezwungen werden, vielen Hobbys gleichzeitig nachzugehen. Wenn das hochsensible Kind von sich aus Interesse zeigt, ist das aber selbstverständlich in Ordnung so. Besprich gemeinsam mit deinem Kind, was ihm besonders Spaß macht und was es gerne ausprobieren möchte. Wenn dein Kind zu dir sagt, dass es einem bestimmten Hobby nicht mehr nachgehen möchte, dann solltest du das akzeptieren. Diese Tätigkeit kann dann für dein Kind überfordernd sein und sich kontraproduktiv auf seine Kreativität und Wissbegierde auswirken. Meist suchen sich hochsensible Kinder ein ruhiges Hobby wie einen Malkurs aus. Hier können sie in einer ruhigen

Umgebung ihrer Kreativität freien Lauf lassen. Doch jedes Kind ist individuell und hat andere Interessen. Auch das Fußballtraining oder Schwimmtraining kann deinem Kind trotz der Lautstärke und der vielen Umgebungseindrücke viel Freude bereiten.

Im Kindergarten und in der Schule kann es helfen, mit der Lehrkraft über die besondere Veranlagung deines Kindes zu sprechen. So können sie besser auf dein Kind eingehen und es fördern, aber nicht überfordern. Wichtig ist in diesem Zusammenhang auch, dass du der Lehrkraft von deinen Beobachtungen berichtest. Wann fühlt sich dein Kind überfordert? Worauf reagiert es empfindlich? Wie zeigt sich die Überforderung? Was hilft deinem Kind bei zu vielen Eindrücken?

Es geht alles, auch mit besonderem Wesen

In diesem Buch hast du sicherlich viel über dich selbst als Person und Mutter, aber auch über dein Kind gelernt. Die Hochsensibilität macht einem den Alltag und auch das Muttersein manchmal schwer und trotzdem ist es etwas, worauf du stolz sein darfst und was dir einen ganz besonderen Blick auf die Welt beschert. Im Verlauf konntest du genauer erfahren, was genau Hochsensibilität überhaupt ist, welche Probleme damit einhergehen, aber auch, wie du diese besondere Eigenschaft für dich selbst und dein Kind bewältigen kannst. Neben vielen hilfreichen Tipps und Tricks, die für die direkte Anwendung gestaltet wurden, hast du auch mehr über dein Kind gelernt und kannst aus dem Blickwinkel der Mutter in Zukunft für euch beide besser agieren. Die Konstellation einer hochsensiblen Frau mit hochsensiblem Kind ist genauso besonders wie die Anwesenheit von Hochsensibilität in einer Partnerschaft. Die hier gewonnenen Erkenntnisse kannst du zukünftig nutzbringend für dich einsetzen und womöglich stellen sich schon sehr bald Veränderungen ein, die dir deine besondere Eigenschaft in mancher Hinsicht zugänglicher und erfahrbarer machen. Veränderung kann immer etwas beängstigend oder zu Beginn schwierig sein, aber wenn du den Stein erst einmal ins Rollen gebracht hast und gut auf dich selbst achtest, steht einem glücklicheren Dasein und auch einem besseren Zurechtfinden in der Mutterrolle mit Hochsensibilität nichts mehr im

Wege. Ich wünsche dir viel Spaß auf dem Weg, dich selbst und deine Liebsten besser oder nochmal anders kennenzulernen. Vergiss niemals: Deine Hochsensibilität ist kein Laster, sondern eine Gabe. Allein diese Einstellung wird dich auf deinem Lebensweg als hochsensible Person ungemein stärken.

Quellen

https://www.einfachganzleben.de/leben-balance/selbsttest-hochsensibel

https://www.netdoktor.de/krankheiten/hochsensibilitaet/

https://www.health-rise.de/hochsensibilitaet/

https://www.loesungs-coaching.de/das-hochsensible-gehirn/

https://medlexi.de/Reizüberflutung

https://www.therapiebruecke.de/blog/stress-und-stressbewaeltigung-fuer-hochsensible/

https://chezmamapoule.com/hochsensibel/

https://www.familienleben.ch/kind/erziehung/grenzen-setzen-was-tun-wenn-kinder-sich-nicht-an-regeln-halten-4310

https://doppelkinder.com/2019/12/18/mama-sein-das-schoenste-gefuehl-und-die-groesste-herausforderung/

https://fitneo.de/hochsensibilitaet-tipps/

https://www.abenteuer-erziehung.at/news/113-meine-groessten-herausforderungen-als-mutter

https://www.howimetmymomlife.de/entdecke-das-geschenk-der-weiblichen-urkraft/

https://www.wunderweib.de/hochsensible-menschen-in-der-partnerschaft-darauf-solltest-du-achten-112902.html

https://www.planet-wissen.de/gesellschaft/liebe/partnerschaft/index.html

https://aok-erleben.de/hochsensible-kinder-wenn-die-sinne-das-nervensystem-ueberladen/

https://www.nifbe.de/component/themensammlung?view=item&id=922:das-hochsensible-kind-in-der-kita&catid=45

https://www.besser-bilden.de/hochsensibilitaet-ist-mein-kind-hochsensibel-2/

https://www.humboldt.de/sites/default/files/2018-10/978-3-86910-659-5_Mondstein_Alle%20Antennen%20auf%20Empfang.pdf

https://www.windeln.de/magazin/kleinkind/entwicklung/hochsensibilitaet-bei-kindern.html

https://www.erziehungskunst.de/artikel/hochsensible-kinder/

https://www.eltern.de/gesundheit-und-ernaehrung/medizin/hochsensibilitaet-1.html

https://bunte-kinder.de/kennst-du-die-7-wichtigsten-bausteine-um-dein-hochsensibles-kind-zu-unterstuetzen/

http://www.vfuks.de/hochsensible-kinder-in-der-kita/

https://www.rundschau-online.de/ratgeber/fami-
lie/immer-erschoepft-was-muetter-fuer-sich-tun-
sollten--um-dem-burnout-zu-entkommen-
30665774?cb=1626882416508

https://www.wireltern.ch/artikel/hochsensibel-
vier-unterscheidungskriterien-0317

https://www.planetbackpack.de/meditation/

https://www.healthyhabits.de/hochsensible-fuer-
sich-sorgen/

https://praxistipps.focus.de/hochsensibel-und-de-
pression-warum-sie-sich-gut-um-sich-sorgen-soll-
ten_124638

https://www.zartbesaitet.net/suchttendenzen-und-
hochsensibilitaet/

https://www.wissenschaftsmanagement-on-
line.de/sites/www.wissenschaftsmanagement-on-
line.de/files/migrated_wimoarticle/Bargs-Krper-
sprache-Script.pdf

https://de.wikipedia.org/wiki/Übertragung_(Psy-
choanalyse)

https://mymonk.de/hochsensible-menschen/

https://www.yogaeasy.de/artikel/hochsensibel-
yoga-hilft-bei-hochsensibilitaet

https://hypersensibel.com/2020/09/11/hochsen-
sibel-soziale-phobie/

https://www.ich-habe-auch-angst.de/beziehungs-angst-liebe-hochsensible-empathen/

https://www.vfp.de/magazine/freie-psychothera-pie/alle-ausgaben/heft-03-2018/hochsensibilitaet-in-der-partnerschaft

https://www.myself.de/gesund/fitness/galerie-yoga-uebungen/#krieger

https://botschaftenmitherz.de/dein-leben-aus-der-vogelperspektive/

https://www.trappmann-korr.de/bibliothek/hoch-sensitivität/wie-hs-mit-angst-umgehen-können/

https://utopia.de/ratgeber/angst-ueberwinden-diese-strategien-helfen/

https://karrierebibel.de/selbstliebe-lernen/

https://erliebe-dich.de/uebungen/

https://karrierebibel.de/lebenssinn/

https://www.powerful-me.de/besser-leben/lebens-ziele-und-lebenssinn/

https://eltern-onlinetraining.de/gewaltfreie-kom-munikation-uebungen/

https://www.fzpsa.de/recht-und-jugendhilfe/fach-artikel/familienrecht/das-recht-auf-gewaltfreie-er-ziehung/ohne-gewalt-und-mit-respekt-grenzen-setzen-so-gehts-besser

https://www.focus.de/familie/eltern/starke-el-
tern-kind-beziehung-erziehungs-experten-er-
klaeren-das-ist-die-formel-fuer-eine-glueckliche-
kindheit_id_13129853.html

https://studyflix.de/biologie/lernen-am-modell-
2635

https://www.einklang.family/54-ein-positives-
selbstkonzept-bei-kindern-fördern-und-stärken

https://www.netpapa.de/entwicklung/selbstkon-
zept-von-kindern/

https://www.youtube.com/watch?v=oOVKF6b1fcA

https://harslem.de/projekte/hochsensibilitaet/ur-
sachen

Haftungsausschluss

Die Umsetzung aller enthaltenen Informationen, Anleitungen und Strategien dieses Werkes erfolgt auf eigenes Risiko. Für etwaige Schäden jeglicher Art kann der Autor aus keinem Rechtsgrund eine Haftung übernehmen. Für Schäden materieller oder ideeller Art, die durch die Nutzung oder Nichtnutzung der Informationen bzw. durch die Nutzung fehlerhafter und/oder unvollständiger Informationen verursacht wurden, sind Haftungsansprüche gegen den Autor grundsätzlich ausgeschlossen. Ausgeschlossen sind daher auch jegliche Rechts- und Schadensersatzansprüche. Dieses Werk wurde mit größter Sorgfalt nach bestem Wissen und Gewissen erarbeitet und niedergeschrieben. Für die Aktualität, Vollständigkeit und Qualität der Informationen übernimmt der Autor jedoch keinerlei Gewähr. Auch können Druckfehler und Falschinformationen nicht vollständig ausgeschlossen werden. Für fehlerhafte Angaben vom Autor kann keine juristische Verantwortung sowie Haftung in irgendeiner Form übernommen werden.

Urheberrecht

Impressum

Das Sensibelchen in dir ist stark

1. Auflage 2021

Herausgeber: Annika Petras

Autor: Marianna Habic

Adresse: Karl-Kurz-Gasse 3-5/29, 3002 Purkersdorf

Cover: Geiznering Designs

Printed by Amazon Italia Logistica S.r.l.
Torrazza Piemonte (TO), Italy

36177946R00062